이 시대에 원하시는

하나님의 뜻

이 책을 쓰게 하신 하나님께
모든 감사와 찬양과 영광을
올려 드립니다.

"주는 나의 하나님이시니
나를 가르쳐
주의 뜻을 행하게 하소서!"
(시편 143:10)

서론

2021년 9월 10일 대전에 있는 어느 교회 예배에 참석하였다. 그때 하나님께서 목사님을 통해 저에게 예언의 말씀을 주셨다.

"너는 이 시대에 하나님이 원하시는 뜻을 성경에서 찾아서 책을 쓰라. 성경에는 하나님의 뜻이 무수히 많다…
너는 글을 써서 기록하여 가르치고 알리라!"

그날 이 예언의 말씀을 받고서 하나님의 뜻에 대해서 글을 조금씩 썼지만 코로나로 인해 사회 분위기도 어수선하고 또 내 개인적인 업무가 많을 때는 잊어버리기도 하였다.
그러다가 약 2개월 전부터 하나님께서는 어느 집사님을 통해 하나님께서 빨리 책을 쓰라고 한다며 재촉하셨다.
하나님께 명을 받은 지는 벌써 약 2년이 되어 가는데 자꾸만 미루다가 이제는 더 이상 미룰 수가 없음을 알고 마지막으로 펜을 힘차게 잡았다.

사실 하나님의 뜻에 대하여 글을 쓰는 것은 굉장히 부담이 되기도 한다. 왜냐하면 하나님의 뜻을 잘못 전하면 한 영혼, 아니 많은 생명들을 실족시킬 수 있으며 더 심하면 그들을 지옥으로 이끌 수 있기 때문이다.

그래서 성경을 내 짧은 지식, 내 머리로 억지로 풀기보다는 이미 성경에 기록되어 있는 진리의 말씀 중에서 이 시대에 하나님께서 원하시는 뜻을 찾아 쉽게 쓰기로 하였다.

어려운 신학적인 내용으로 접근하지도 않았으며 오히려 이 책을 읽는 사람들이 이해하기 쉽도록 글을 썼다.

진리는 단순하다. 결코 복잡한 것이 아니다.

아무튼 중요한 것은 이 시대에 하나님께서 우리에게 원하시는 뜻을 분명히 확실하게 알고 마지막 시대에 이기는 자, 승리하는 자가 되시기를 바랍니다.

2023년 12월 30일
충북 진천에서 최성열 목사

목차

제 1 부

하나님 뜻의 중요성

"하나님의 뜻이 모든 것을 압도한다.
하나님의 뜻은 태양이고 사랑은 불이다."

1. 하나님 뜻의 작은 딸

우리는 이 책을 읽기 전에 '하나님의 뜻의 작은 딸'에 대하여 알아볼 필요가 있다.

먼저 하나님께서는 어떤 사람에 대해 어떤 특별한 호칭이나 별명을 지어주셨다는 것을 성경을 통해 알 수 있다.

'의인이요 당대에 완전한 자 노아' (창 6:9)

'하나님을 기쁘시게 한 자 에녹' (히 11:5)

'하나님 마음에 합한 자 다윗' (행 13:22)

'여호와께서 대면하여 아시던 자 모세' (신 34:10)

'온유함이 지면의 모든 사람보다 더한 자 모세' (민 12:3)

'하나님이 택한 그릇 바울' (행 9:15)

'이방인의 사도 바울' (갈 2:8)

'광야에 외치는 자의 소리 세례 요한' (마 3:3)

이 외에도 하나님께 인정받아 하나님으로부터 특별한 호칭이나 이름을 부여 받은 사람들이 성경에는 많이 있다.

이처럼 하나님의 특별한 사명이나 은총을 받은 사람들이 많이 있는데 저는 이 책을 통해 '하나님의 뜻의 작은 딸'이라는 특별한 호칭을 받은 사람을 소개하고자 한다.

그는 1865년 이탈리아에서 태어난 '루이사 피카레타'이다.

그녀는 64년 동안 죽기까지 침상에서 살았으며 아무런 음식을 취하지 않고 잠도 거의 자지 않은 채 살았다는 것이다. 그녀의 방에는 매일 행해지던 희생 제사인 미사 동안에 영했던 성체로서만 살았다고 한다.

　루이사는 82세까지 살았지만 침상에서 지냈고 예수님이 거의 매일 찾아오셔서 그녀의 내적 인간 전체가 당신을 닮아가도록 가르쳤으며 특별히 하나님의 뜻에 대하여 가르치신 것이다. 루이사가 예수님께 가르침을 받고 예수님과의 대화를 책으로 쓴 것이 '천상의 책'(총 36권). 그리고 '우리 주 예수 그리스도의 수난의 시간들'이 있다.

　루이사가 세상을 떠날 때 그의 묘비에는
　'하나님 뜻의 작은 딸'이라 새겨져 있다고 한다.
　한국어로 번역된 '천상의 책'은 약 20여 권이며
　'우리 주 예수 그리스도의 수난의 시간들'이 있다.

　루이사가 하나님 뜻의 작은 딸이라는 호칭을 받은 것은 그만큼 책을 통해 하나님의 뜻에 대하여 예수님으로부터 많은 가르침을 받았다는 것이다.

　이 세상 그 어떤 책에서도 예수님이 루이사에게 일러 준 하나님 뜻에 관한 것은 찾아볼 수 없다고 예수님은 루이사에게 말씀하셨다. 나도 이 '천상의 책' 약 20여 권을 읽어 봤지만 하나님 뜻에 대하여 이토록 많은 내용을 담은 책은 없을 거라 확신한다.

　루이사 피카레타의 천상의 책은 우리가 흔히 생각하는 천국의 놀라운 모습이나 신비로운 천국에 대하여 기록한 책은 아니다. 그렇지만 그보다 더 중요하며 모든 것을 압도하는 '하나님 뜻'에 대하여 영적으로 매우 심오한 진리들이 아주 많이 기록되어 있다.

그리고 예수님께서 거의 매일 찾아오셔서 하나님 뜻의 중요성과 하나님 뜻에 대한 계시와 진리의 말씀들, 그리고 그 외 카톨릭 신앙에 대한 많은 내용들이 포함되어 있다.

카톨릭에 대해 조금 안다고 하여 카톨릭을 무조건 싫어하며 정죄하는 사람들, 그리고 카톨릭 신자들은 구원 못 받는다고 마치 자기가 하나님인 것처럼 판단하는 사람들이 있다.

사실 현재 카톨릭의 잘못된 것은 많이 있다. 그렇다면 개신교는 어떠한가? 개신교 신자라 하여 모두 구원을 받는다는 말인가? 결코 그렇지 않다. 카톨릭에서도 하나님의 참된 백성, 이기는 자들이 분명 있을 것이다. 주님의 재림을 기다리며 깨어있는 성도들이 꽤 많이 있는 것 같다.

현재 개신교는 어떠한가? 마치 자기가 작은 교황인 것처럼 행세하는 주의 종들이 있으며 썩고 부패하고 변질되고 타락한 주의 종들도 많이 있다. 성경의 진리를 인간의 머리로 해석하여 착한 양들에게 쑥물을 먹이고 독약을 먹이고 자기도 구원을 못 받고 그 수많은 양떼들도 지옥으로 끌고 가고 있으니 하나님의 마음이 얼마나 아프실까?

개신교든 카톨릭이든 주 예수 그리스도를 진실로 사랑하는 참된 신앙을 갖는 것이 중요하며 하나님의 뜻을 바로 알고 하나님의 뜻대로 살아가는 것이 중요하다.

구원은 오직 예수님께 있으니 혼자 골방에서 하나님을 섬긴다든지 광야에서 외롭게 하나님만 바라보며 섬긴다든지 오직 예수 사랑으로 충만하면 하나님께서 그를 향하여 '너는 나의 택한 자녀다.

너는 내 것이다.'라고 하면 되는 것이다.

　예수님께서 지명하여 부른 루이사, 그리고 예수님의 부르심에 순종하여 오직 예수 사랑으로 가득 채워진 루이사. 예수님과 루이사 피카레타와의 대화를 통해 쓴 천상의 책 약 20여 권에서 하나님의 뜻에 대한 것만 중요한 것 몇가지 발췌하여 보면 다음과 같다.

◆ "하나님 뜻은 곧 하나님이시다.
　이 뜻 안에서의 행위들은 모든 사람의 생명과 빛과 열이 된다.
　하나님 자녀들을 싹트게 하고 증식시키는 씨앗이다."
　　　　　　　　　　(천상의 책, 제13권 57번)

◆ "하나님의 뜻은 빛이다. 언제나 이를 행하는 사람은 빛을 먹으며 자라기에 결점들이 끊임없이 정화된다."
　　　　　　　　　　(천상의 책, 제5권 21번)

◆ 그때 나는 "예수님께서 어느 것을 더 좋아하실까? 사랑일까, 그분의 뜻일까?" 하는 생각이 들었다. 그러자 그분께서 이렇게 말씀하셨다.
"내 뜻이 모든 것을 압도한다. 너 자신을 보아라. 육신과 영혼을 지니고 있다. 지성과 살과 뼈와 신경조직으로 만들어져 있다. 그러나 너는 차가운 대리석 조각상이 아니다. 열을 함유하고 있기도 한 것이다. 그러므로 지성과 육신과 살과 뼈와 신경조직은 내 뜻이고, 사람이 함유하는 열은 사랑이다. 불꽃을, 불을 보아라. 불꽃과 불은 내 뜻이다. 불꽃과 불이 내는 열은 사랑이다. 만물의 그 본체는 내 뜻이고, 본체에서 나오는 결과는 사랑이다. 양자가 서로 긴밀히 결합되어 있어서 이쪽이 없으면 저쪽도 있을 수 없다. 따라서 내 뜻이라는 본체를 많이 가진 영혼일수록 그만큼 더 많은 사랑을 내기 마련이다."

(천상의 책, 제11권, 43번)

◆ 예수님께서 오셔서 이렇게 말씀하셨다.

"딸아, 내 뜻과 사랑의 차이를 알고 싶으냐?

내 뜻은 태양이고, 사랑은 불이다. 내 뜻은 태양처럼 양식을 필요로 하지 않으며, 그 빛과 열이 증가하거나 감소하는 일이 없다. 언제나 한결같은 상태로 있고 그 빛도 언제나 더없이 맑다. 반면에 사랑을 상징하는 불은 땔나무라는 양식을 필요로 한다. 땔감이 떨어지면 불이 꺼질 수 있는 것이다. 그것은 공급되는 땔감의 양에 따라 세력이 커지기도 하고 작아지기도 한다."

(천상의 책, 제11권, 45번)

◆ 나는 깜짝 놀라서, "오 예수님, 무슨 말씀이십니까?

당신의 뜻이 곧 황홀이라고 하셨습니까?" 하였다.

"그렇다. 내 의지야말로 참되고 완전한 황홀이다.

그러니 네가 네 생각을 하고자 할 때마다 이 황홀을 깨뜨리는 것이다." (천상의 책, 제11권, 60번)

◆ "딸아, 나의 뜻은 내 온 존재를 내포한다. 그러니 내 뜻을 자기 안에 소유한 사람은 나의 지속적인 현존을 누리는 것 이상으로 나를 소유한다. 실제로 내 뜻은 어디든지 뚫고 들어간다. 사람의 가장 깊은 힘줄 속까지 뚫고 들어가 그의 심장 박동 수와 생각들을 헤아린다. 그리고 사람의 가장 아름다운 부분이며 여기에서 샘물이 솟아나듯 외적 행위들이 솟아나는 그의 내면에 생명을 주면서 그를 나에게서 떼어 놓을 수 없는 존재로 만든다." (천상의 책, 제16권 2번)

◆ 예수님은 이렇게 대답하셨다. "내 뜻 안에서 사는 사람은 자기의 기질을 잃고 나의 기질을 지니게 된다. 그러므로 내 뜻 안에서 사는 영혼에게는 유쾌하고 매력적이며 고귀한 기질이, 이와 동시에 어린아이같이 단순한 기질이 보인다. 한마디로 말하자면 모든 면에서 나와 비슷해 보이는 것이다."
(천상의 책, 제11권 5번)

◆ "내 눈은 아버지의 뜻에 집중되어 있었다." (예수님이 십자가 지실 때) (천상의 책, 제1권 21번)

◆ "나를 참으로 사랑하는 사람은 내적이건 외적이건 자기에게 일어나는 모든 일 속에서 일체를 오직 하나로, 곧 하나님의 뜻으로 받아들인다. 모든 것을 하나님 뜻의 소산으로 여기기에, 그에게는 생소해 보이는 것이 없다. 그러므로 그는 모든 것을 하나님 뜻 안에서 불태운다. 따라서 그의 중심, 그의 목표점은 오

직 하나 하나님의 뜻뿐이다." (천상의 책, 제6권 51번)

◈ "딸아, 내 뜻을 행하는 사람에게는 모든 것이 빛이 된다. 그가
일하면 그 일이 빛이 되고, 그가 말하거나 생각하거나 소망하
거나 걸음을 옮기면 그 말과 생각과 소망과 걸음 등이 다 빛이
된다는 말이다. 그런데 이 빛은 태양인 나에게서 끌려나온 빛
이다." (천상의 책, 제11권 73번)

◈ "하나님 뜻 안에 자기 뜻을 소멸시켜 그분의 뜻으로만 사는 것
은 인간이 도달할 수 있는 가장 높은 경지이며 기적 중의 기적
이다." (천상의 책, 제3권 73번)

◈ "인간이 하나님께 드릴 수 있는 가장 큰 영예는 매사를 그분의
거룩하신 뜻에 의지하는 것이다."

(천상의 책, 제7권 5번)

2. 하나님 뜻을 실천하지 않는 사람과 실천하는 사람

◆ 오늘 아침에는 언제나 다정하신 예수님께서 빛이 번쩍하듯 잠시 나타나셔서 이렇게 말씀하셨다.

"딸아, 내 뜻을 행하지 않는 사람은 땅에서 살아야 할 이유가 없다. 그런 사람의 삶에는 아무 목적이 없다. 목적이 없으니 수단도 없다. 나의 뜻을 행하지 않는 영혼들, 그가 받는 햇빛과 양식, 그가 숨 쉬는 공기, 그의 갈증을 풀어 주는 물, 그의 몸을 따뜻하게 해주는 불, 그가 걸어 다니는 땅이 다 내게서 훔친 것이다. 이 모든 것은 나의 뜻을 행하는 이들에게 속해 있는 까닭이다. 사실 내가 소유한 모든 것이 그들의 것이다. 그러나 나의 뜻을 행하지 않는 사람은 이를 소유할 권리가 없다. 내가 끊임없이 약탈당하는 느낌이 드는 것은 그 때문이다. 그러므로 나의 뜻을 행하지 않는 자는 유해하고 기만적인 이방인으로 간주 되어야 한다. 따라서 사슬로 묶어 끝없이 깊은 감옥에 처넣어야 할 것이다."

그분은 이 말씀을 하신 뒤 갑자기 사라지셨다.

(천상의 책, 제11권, 45번)

◆ "딸아, 내 뜻을 실천하지 않는 사람, 내 뜻 안에서 살지 않는 사람에게는 이 세상이 귀양지다. 그러나 내 뜻 안에서 사는 사람에게는 귀양지가 아니라 (천국에서) 딱 한 걸음 떨어진 곳이라

고 말할 수 있다. 그러므로 전혀 기대하지 않은 뜻밖의 순간이 왔을 때에도 딱 한 걸음만 떼어놓으면 천국에 들어가게 된다. 그것도 귀양지에서 오는 사람처럼 들어오는 것이 아니라.... 곧 그 '영원한 도성'의 아름다움과 영화로움과 행복을 이미 아는 사람처럼 들어오는 것이다."

(천상의 책, 23-7 루이사 피카레타)

◈ "하나님 뜻을 행하지 않는 사람은 스스로 빛을 차단하고 어둠을 만든다."   (천상의 책, 제20권 42번)

◈ "내 뜻을 실천하지 않는 것은, 피조물이 하나님의 생명을 배척하는 것이다. 내 뜻을 물리치는 것은 살기 위한 수단을 거부하는 것이요, 생명의 샘을 파괴하는 것이니, 있을 수 있는 최대의 악이다. 죽어 마땅한 것이다."

(천상의 책, 제20권 7번)

◈ "내 뜻에서 스스로를 빼내려고 하는 이들은 자기네 영혼의 자살을 초래하는 셈이 될 것이다. 누구든지 내 뜻을 행하거나 행하지 않는 것이 무엇을 의미하는지를 안다면, 단 한 순간이나마 내 뜻에서 빠져나간다는 것은 생각만 해도 덜덜 떨리는 무서운 일이 될 것이다."   (천상의 책, 제13권 10번)

◈ "사람은 자기의 뜻을 행함으로써 깊은 구렁 속으로 떨어지게 되고 사나운 야수로 변질된다. 내 뜻을 행하면 새로운 변모가 일

어나 나에 의해 창조된 본성을 얻게 된다."
(천상의 책, 제14권 73번)

◆ "딸아, 내 뜻을 행하지 않는 것만큼 큰 악은 없다."
(천상의 책, 제17권 47번)

◆ "내 뜻 안에서 활동하며 살아가는 사람은 온 천국 주민들에게 신적인 기쁨을 가져다주는 자로 인정받는다. 그리고 천국 문을 열어 지상의 모든 피조물에게 은총과 빛과 사랑의 천상 이슬이 내려오게 한다." (천상의 책, 24-14)

◆ "내가 나의 뜻에 대하여 너에게 말할 때마다 너는 새로운 이해력과 지식을 얻게 되고, 내 뜻 안에서의 네 행위가 더 큰 가치를 입게 되며, 네가 엄청 더 풍부한 재산을 획득하게 된다."
(천상의 책, 제13권 14번)

◆ "땅에서든 하늘에서든 하나님의 뜻에 의해 이루어진 모든 것은 천상 아버지 나라의 재산이 된다.
하나님 뜻 안에서 하는 행위는 작은 행위라도 천국에 있는 이들에게 기쁨과 지복의 원천이 된다."

제 2 부

이 시대에 원하시는
하나님의 뜻

"오직 주의 뜻이 무엇인가 이해하라"
(엡 5:17)

1. 시대를 분별하라

시대를 분별하는 것은 중요하다. 왜냐하면 그 시대에 하나님께서 원하시는 뜻이 있기 때문이요 하나님의 시간표를 알 수 있기 때문이다. 또한 시대를 읽지 못하면 제대로 준비할 수 없고 자칫 잘못하면 어떤 기회를 놓칠 수 있기 때문이다.

어떤 사람은 말하기를 지금은 은혜 시대라고 말하며 어떤 사람은 지금이 환난 시대라고 말한다. 만약 어떤 사람이 환난 시대에 대해서는 전혀 모르고 늘 은혜 시대인줄만 알고 있다가 어느 날 갑자기 뒤늦게 알게 된다면 과연 그 사람이 얼마나 환난을 잘 이겨낼 수 있을까요?

이스라엘 백성들이 광야에서 먹어야 했던 양식이 있었고 젖과 꿀이 흐르는 가나안 땅에서 먹어야 했던 양식이 있었듯이 은혜 시대에 먹는 양식이 있고 환난 시대에 먹어야 할 양식이 있는 것이다. 즉 때에 맞는 양식을 먹어야 하는 것이다.

그러므로 시대를 잘 분별하는 것은 중요하다.

노아 홍수 때에도 노아가 방주를 짓는 그 기간이 그때 그 사람들에게는 마지막 시대였던 것이다. 그러나 사람들은 시대를 분별하지 못하여 그들이 홍수로 멸망하기까지 깨닫지 못했던 것이다. 만약 그 시대에 노아가 전했던 것을 믿었더라면 홍수 심판이 오기 전에 준비했을 텐데 결국 그들은 자기 시대를 분별하지 못함으로 인해 준비도 못하고 멸망의 바닷속에 빠지고 말았던 것이다.

"홍수가 나서 그들을 다 멸하기까지 깨닫지 못하였으니 인자의

임함도 이와 같으리라." (마 24:39)

그렇다면 지금은 어느 시대인가?

지금은 요한 계시록 시대이며 마지막 시대이다.

이는 많은 사람들이 알고 있다. 그러나 시대를 아는 것도 중요하지만 깨닫는 것은 더 중요하다.

노아 홍수 때에 사람들이 깨닫지 못한 것처럼 인자가 임할 때에도 깨닫지 못한다는 것이다. 그러므로 기독교인 중에서도 깨닫지 못하여 멸망을 당할 자들이 무수히 많을 것이다.

당신은 이 시대를 잘 알고 있습니까? 당신은 이 시대에 하나님께서 무엇을 원하시는지 잘 알고 있습니까? 시대를 잘 분별하여 잘 준비하여서 반드시 이기는 자가 되시기 바랍니다. 주님 구름 타고 오시는 그날에 후회하는 자가 아니라 기쁨으로 신랑 되시는 주님을 공중에서 만나는 축복을 받으시기 바랍니다.

* 참고 : "트럼프가 다시 등장하는 2025년부터 천지가 개벽을 한다. 지금까지 정착된 지구촌의 정치, 경제, 종교, 문화, 국가, 은행, 가정들이 사라진다. 지구촌의 인구도 70억이 사라진다." (제사장의 나라와 바벨론의 멸망, 이형조)

- 어떤 형제(자매)가 하나님께 기도했더니 '코로나로 인하여 인류의 역사는 끝났다.'라고 응답을 받았다고 한다.

지금 세계의 역사를 보면 성장, 발전보다는 오히려 지구촌 곳곳에 재난이 닥치고 있는 것을 볼 수 있다. (전쟁, 기근, 지진, 화산, 폭염, 전염병 등) 만약 트럼프가 2025년에 대통령이 된다면 어떻게 될지 자세히는 몰라도 아무튼 앞으로 지구촌에 엄청난 일들이 생긴다는 것은 확실하다. 하나님의 심판은 더욱 강하게 부어질 것이다.

주님은 또 '토미 아라요미'에게 말씀하셨다.

"2024년 올해는 청렴한 자들이 일어나는 해이다. 이제 준비할 시간이 6년이 남았다고 사람들에게 전하라. 내게 복종할 6년이다.... 2030년은 오랫동안 가치 있는 경제 부분으로 여겨져 있던 것을 탄압하는 해가 될 것이다."

우리나라에는 아직 엄청난 재앙이 닥치지 않았다고 하여 안일하게 신앙생활을 할 것이 아니라 정신 차리고 깨어 있어야 할 것이다.

"이러므로 너희도 준비하고 있으라.
생각하지 않은 때에 인자가 오리라."
　　　　　(마 24:44)

2. 기회를 놓치지 말라!

나는 오늘 새벽에 하나님께서 꿈을 통해(2023.11.1) 기회를 놓치면 힘들다는 것을 깨닫게 해주셨다. 기회를 놓치면 회복하기가 힘들고 꿈을 이루기가 힘들다는 것이다.

한 번밖에 없는 인생살이, 주님을 위해 일하며 하나님 영광을 위해 일할 수 있는 기회는 내가 이 세상에 있을 때뿐이다. 내가 전도할 수 있는 기회도 이 세상에 있을 때뿐이다. 내가 좀 더 주님을 사랑하고 주를 위해 헌신할 수 있는 기회도 이 세상에 있을 때뿐이다. 하나님 앞에 무릎 꿇을 수 있는 기회도 이 세상에 있을 때뿐이다. 이러한 모든 것들이 때가 있고 기회가 있으니 기회를 놓치면 반드시 후회하고 손해를 보게 된다. 어떤 사람은 천국에서 후회하고 어떤 사람은 성밖으로 쫓겨나서 거기서 슬피 울며 후회하는 사람도 있을 것이다. 어떤 사람은 지옥에서 후회하는 사람도 있는데 그 후회는 영원한 절망뿐이요 영원한 슬픔뿐이다. 기회를 잃어버린 자의 몫이다. 하나님께서는 우리에게 많은 기회를 주시고 있는데 기회 있을 때 잘하자! 하나님께서 내게 주신 시간은 곧 기회요 선물이다. 이 선물을 가지고 아름다운 보석을 만들어보자. 그러면 귀한 보석 같이 빛나는 아름다운 주님의 신부가 될 것이다.

3. 부족하지 말고 충만하라! (1)

우리는 하나님 앞에서 늘 부족하다고 말한다. 사람 앞에서도 그렇게 말한다. 맞다. 우리는 하나님 앞에서 한없이 작고 부족하고 연약하다. 그래서 하나님께서는 우리에게 성령으로 충만하라고 말씀하셨다. 약하기 때문에 충만하라고 하셨다. 충만하지 않으면 이겨내기 어렵고 견디기 어렵기 때문이다. 충만하지 않으면 죄에 빠지고 세상에 빠지기 쉽기 때문이다. 충만하지 않으면 앞으로 다가오는 거대한 악의 세력과 싸워 이겨내기 어렵기 때문이다. 그러므로 하나님의 은혜로 충만해야 한다. 돈은 부족할지라도 성령으로 충만해야 한다.

하나님은 종종 우리의 영적 상태를 항아리에 비유하면서 얼마나 가득 찼는지 알려주시기도 한다. 예를 들어 현재 나의 기도가 아직 부족하니 더 열심히 하라고 깨우쳐 주시기도 한다. 얼마나 자상하신 하나님이신가?

어느 날 꿈에 하나님이 나타나서 내게 이렇게 말씀하셨다.

"내가 하나님이다."

그런데 하나님의 모습이 동양인처럼 생겼다. 내가 동양인이기 때문에 그랬던 것 같다. 그때 그분의 옆 아래쪽에 글씨가 보였는데 눈물과 금식과 헌금에 대한 글씨였다.

나는 그 꿈을 꾸고 나서 내 자신을 돌아보며 나의 부족한 것들을 채우려고 노력하고 있지만 영적인 변화는 하루아침에 이루어지지 않는다는 것을 알게 되었다.

하나님은 우리가 충만하기를 원하신다.

말씀충만, 기도충만, 성령충만, 감사충만, 사랑충만, 찬양충만, 전도충만.....

"오직 성령으로 충만함을 받으라." (엡 5:18)

"기름진 까닭에 멍에가 부러지리라." (사 10:27)

성령의 기름 부으심이 충만하면 멍에가 부러진다는 말씀이다. 직역 성경에는 "살쪄서 멍에가 부러질 것이다."라고 번역했다. 만약 내가 빛으로 충만하면 어둠은 사라질 것이다. 만약 어떤 사람에게 매달 100만원이 필요한데 겨우 50만원 밖에 없다면 정말 사는 것이 힘들고 점점 삶이 피폐해질 것이다. 가난이라는 멍에가 씌워질 것이다. 반면에 100만원이 아니라 매달 200-300만원이 생긴다면 이제 가난이라는 멍에는 부러질 뿐만 아니라 힘을 얻어 큰 일을 하게 되고 풍성함을 누리게 될 것이다.

마찬가지로 영적으로 충만하지 못한 상태가 계속 지속된다면 그 사람의 영적 상태는 곤고하게 될 것이고 그 심령은 비틀거리며 힘을 잃고 쓰러질 수 있다는 것이다. 그러므로 세상의 유혹을 이기고 사탄의 공격을 물리치며 이기는 자가 되기 위해서는 영적으로 부족한 상태가 아니라 늘 충만한 삶을 살아야 한다는 것이다. 지금은 주님 오실 때가 심히 가까이 왔으니 더욱 충만해야 한다. 꺼져가는 등불이 아니라 활활 타오르는 불이 되어야 할 것이다. 항아리가 가득 채워질 뿐만 아니라 차고 흘러넘쳐야 할 것이다. 오직 하나님 한분만으로 가득 채워지도록 해야 할 것이다.

4. 부족하지 말고 충만하라! (2)

부족한 것을 우리는 너무 쉽게 생각하면 안 된다.

건물을 지을 때 부실 공사를 하면 건물이 무너지고 어떤 제품을 만들 때 반드시 있어야 할 것이 없어서 빠지면 사고가 날 수 있다. 또 함량 미달이 되면 불합격 처리가 될 수 있다. 이렇듯 어떤 것에 부족하면 반드시 문제가 생길 수 있다는 것을 알아야 한다.

영적인 일에서는 더욱 중요하다.

하나님 보시기에 부족하면 심판을 받을 수 있다는 것이다.

다니엘 5장 25-28절에 '메네메네 데겔 우바르신'

여기서 데겔은 왕을 저울에 달아 보니 부족함이 보였다는 것이다. 결국 벨사살 왕은 그날 밤에 죽임을 당했고 그의 나라는 끝나고 말았던 것이다.

이처럼 부족함은 곧 심판을 받게 된다는 것을 알고 하나님을 사랑하는 사람이라면 이 시대에 꼭 성령 충만한 사람이 되도록 해야 할 것이다.

부족하다는 것은 그만큼 내 자아로 채워졌다는 것이고 세상의 헛된 것으로 채워졌다는 의미도 있는 것이다.

하나님을 믿는다 하면서 하나님과 세상을 겸하여 섬기는 사람들이 많이 있는데 이런 신앙을 반쪽신앙이라 한다.

반쪽신앙은 섞여 있는 신앙이다. 혼합된 신앙이다. 뒤집지 않은 전병과도 같다.(호 7:8) 하나님은 혼합된 것을 싫어하신다. 결국 반쪽신앙은 참 신앙이 아니다.

지옥 간증에서 지옥으로 떨어진 한 여인을 향하여 주님은 이렇게 말씀하셨다. "그녀가 회개하고 돌아오기를 기대하며 나의 많은 종들을 보냈었다. 그러나 그녀는 회개하지 않았다... 그녀는 절반만 나를 따랐느니라."

어느 목사님은 회개가 부족하면 지옥에 떨어진다고 아주 강도 있게 글을 썼다.

"서글픈 이야기이지만 개신교인들 중 극소수를 제외하고 대부분 지옥에 갑니다. 여러 원인이 많겠지만 그 중 제일 핵심 요인은 죄에 대한 회개 기도를 제대로 못 배웠기에 제대로 회개기도 못했고 아니면 죄 분량에 상응하는 회개 기도 분량을 못 채웠기 때문입니다."

이처럼 하나님의 저울에 달아져서 부족하거나 회개가 부족하면 심판을 받는다는 것을 알고 부족한 것들을 하루빨리 채워서 하나님께 인정 받으시기 바랍니다.

그리고 부족하다고 해서 모두 다 심판의 대상이 되느냐 그것은 아니다. 부족한 상태를 두 가지로 분류할 수 있는데 하나는 상급 받는 것에 부족한 것이 있고 또 하나는 구원받는 것에 부족한 것이 있다. 상급 받는 것에 부족한 것은 심판의 대상이 아니고 구원받는 것에 부족한 것은 심판의 대상이 된다는 것이다.

1달란트 받은 자는 구원의 조건에서 합격되지 못한 사람이다. 그의 부족함의 원인은 그의 무지와 악함과 게으름이었다. 그는 주인이 올 때까지 깨닫지 못했기에 결국 회개의 기회를 잃어버려 바

깥 어두운 데로 내쫓김을 당하게 된 것이다. (마 25:30)

교회 다니고 예배 드리고 하나님을 믿기만 하면 무조건 구원받아 천국에 다 가느냐 그렇지 않다는 것이다. 예수님께서 말씀하신 것처럼 아버지의 뜻대로 살아야 천국에 들어갈 수 있는 것이다. 그러므로 두렵고 떨림으로 구원을 이루어가야 하는 것이다. 하나님 보시기에 합당한 사람, 하나님께 인침을 받은 사람, 하나님께 인정받는 사람, 하나님이 기뻐하시는 사람이 되도록 더욱 힘을 써야 할 것이다.

"그리스도의 사랑을 어느 누가 잴 수 있겠습니까?
그러나 그 사랑을 체험하여 하나님의 충만함이
여러분의 마음속에 채워지기를 기도합니다."
(엡 3:19. 쉬운성경)

"두렵고 떨림으로 너희 구원을 이루라."
(빌 2:12)

5. 교만하지 말고 겸손하라!

교만은 사람들이 대부분 잘 느끼지 못하는 죄악이다.

다른 죄악들은 잘 드러나지만 교만은 쉽게 잘 드러나지 않고 숨어 있는 것 같다. 자기 자신이 교만해지는 것을 싫어하면서도 어느새 자기가 교만 덩어리라는 것을 뒤늦게 깨닫는 경우도 있다. 또한 자기 자신이 겸손하지는 않지만 교만하지는 않을거라 생각하기도 한다.

이처럼 교만은 스스로 잘 인식하지 못할 때가 많고 또 잘 드러나지 않는다. 그러나 교만이 내 안에 얼마나 크게 자리 잡고 있는지 깨닫는 사람은 겸손의 길로 나아갈 수 있을 것이다.

나는 오늘 새벽(2023.10.1)에 교만에 대해 묵상하면서 다음과 같이 글을 작성하였다.

당신이 하나님을 믿지 않음은 교만하기 때문입니다.
당신이 회개하지 않는 것은 교만하기 때문입니다.
당신이 하나님께 무릎 꿇지 않는 것은 교만하기 때문입니다.
당신이 습관적으로 죄를 짓는 것은 교만하기 때문입니다.
당신이 하나님께 감사하지 않는 것은 교만하기 때문입니다.
당신이 하나님께 물어보지 않는 것은 교만하기 때문입니다.
당신이 하나님보다 앞서가는 것은 교만하기 때문입니다.
당신이 범사에 하나님을 인정하지 않는 것은 교만하기 때문입니다. 당신이 하나님께 찬양하지 않고 영광을 돌리지 않는 것은 교만하기 때문입니다. 당신이 끝까지 고집을 부리는 것은 교만하기 때문입니다. 당신이 하나님께 불순종하는 것은 교만하기 때문입니다. 당신이 하나님에 대해 잘 알지 못하면서 알려고 하지 않는 것은 교만하기 때문입니다.

당신이 남을 함부로 비판하고 판단하는 것은 교만하기 때문입니다. 당신이 남의 말은 듣지 않으면서 일방적으로 가르칠려고만 한다면 그것은 교만하기 때문입니다.

당신은 땅에 살고 있으면서 하늘의 음성을 들으려고 하지 않는 것은 교만하기 때문입니다. 당신이 인생을 자기 맘대로 살아가고 있는 것은 교만하기 때문입니다.

당신은 피조물이면서 창조주 하나님을 찾지 않고 의지하지 않는 것은 교만하기 때문입니다. 당신이 그리 쉽게 변화되지 않는 것은 교만하기 때문입니다.

당신이 만약 멸망, 패망의 길로 걸어가고 있다면 그것은 당신이 교만했기 때문입니다. 당신의 원수는 당신 안에 있는 교만이요 당신을 속이는 것도 당신 안에 있는 교만임을 잊지 마십시오.

이제 우리는 내 안에 깊이 숨어 있는 교만의 뿌리를 뽑아버려야 한다. 죄악 덩어리인 우리, 죄인 중에 괴수와 같은 우리, 짐승과 다를 바 없는 우리, 천년 묵은 죄인과 같은 우리를 지옥 불에서 구원해 주셨는데 하나님의 은혜를 잊어버리고 교만하게 행동한다면 하나님께서 매우 싫어하실 것이다. 그뿐만 아니라 계속 교만하면 그를 물리치시고 대적하실 것이다.

사랑에도 강도가 있듯 교만에도 강도가 있다.

내 안에 큰 교만은 말할 것도 없고 아주 작은 교만이라도 남아 있다면 그것까지도 완전히 뿌리 뽑아야 할 것이다. 티끌만 한 교만이라도 이 작은 교만의 여우를 잡아야 주님과 더 행복한 사랑의 교제를 나눌 수 있다.

만약 어떤 능력자가 위대한 승리를 거둬서 위대한 업적을 남겼다 할지라도 교만이라는 죄가 있다면 천국에서 가장 높은 반열이 아니라 낮은 반열에 거할 수 있다는 것을 기억해야 할 것이다.

그러므로 우리는 항상 겸손의 옷을 입어야 한다.

'나는 무익한 종입니다.' '나는 주님 없이는 아무것도 아닙니다.' '모든 것이 주님의 은혜입니다.' '주님 홀로 영광 받으소서!' 이처럼 항상 겸손의 겉옷을 입고 다녀야 할 것이다.

"사람이 교만하면 낮아지게 되겠고
마음이 겸손하면 영예를 얻으리라." (잠 29:23)

"사람의 마음의 교만은 멸망의 선봉이요
겸손은 존귀의 길잡이니라." (잠 18:12)

6. 세상을 사랑하지 말라

"세상과 벗된 것이 하나님과 원수 됨을 알지 못하느냐 그런즉 누구든지 세상과 벗이 되고자 하는 자는 스스로 하나님과 원수 되는 것이니라" (약 4:4)

이 세상을 사랑하지 말라 하심은 하나님의 자녀로서 구별된 삶, 거룩한 자가 되라는 뜻이다. 이 세상 임금은 마귀 사탄이요 이 세상은 악한 자 안에 처해 있기 때문에 우리는 반드시 구별되어야 한다. 만약 세상 사람들과 똑같이 살아간다면 하늘에 속한 자가 될 수 없기 때문이다. 왜냐하면 천국은 거룩함 없이 들어갈 수 없기 때문이다.

하나님을 사랑하는 사람이라면 이 세상을 사랑하면 안 된다. 사도 바울처럼 이 세상 것들을 배설물처럼 여길줄 알아야 한다. 세상 것들에 눈독 들이지 말고 한눈팔지 않도록 해야 한다. 이 세상에 내 마음을 빼앗기지 말고 이 세상에 정을 주지 않도록 해야 한다. 그리고 세상 것들이 내 안으로 깊숙이 들어오지 못하도록, 나를 차지하지 못하도록 나를 점령하지 못하도록 해야 한다.

2023년 9월 23일 하나님께서 꿈을 통해 알게 하셨는데 세상을 사랑하면 더러운 구더기를 먹는 것과 같다는 것이다. 하나님께서 아말렉 족속을 다 죽이라고 하셨던 것처럼 우리는 이 세상 것들을 다 죽여야 한다. 예를 들어 술에 중독이 되었다든지 그 외 다른 것에 중독이 되었다면 그것을 절제하는 것이 아니라 완전히 제거해야 하는 것이다.

내 머릿속에 나쁜 생각이 저장되어 있다면 그것을 완전히 삭제해야 하는 것이다. 회개는 절반만 하는 것이 아니라 완전히 돌이켜야 하는 것이다.

어떤 목사님이 말하기를 스마트폰 보는 것은 '마귀의 얼굴을 보는 것과 같다.'라고 했다는 것이다. 사실 TV나 스마트폰에는 세속적인 것들로 가득하다. 쓸데없는 것들이 너무나 많다. 하나님의 거룩한 자녀들은 세상의 허무한 것에 굴복하면 안 된다. 세상의 것들을 눈으로 보고 즐기며 마음을 빼앗긴다면 영적으로 더러운 구더기를 먹는 것과 같다는 것을 알고 하늘의 신령한 은혜를 사모하는 자가 되어야 할 것이다.

세상을 따라가지 말고 세상과 어울리지 말고 세상과 혼합되지 않도록 늘 깨어 있는 삶을 살아야 한다.

그리고 천국 백성들은 천국의 법도 대로 살아야지 세상 방식을 따르면서 신앙생활을 하면 안 된다. 더 이상 허무한 이 세상에 굴복 당하지 말고 저 영원한 천국, 저 높은 곳을 향하여 앞으로 계속 전진해야 할 것이다.

"이 세상이나 세상에 있는 것들을 사랑하지 말라
누구든지 세상을 사랑하면 아버지의 사랑이
그 안에 있지 아니하니 이는 세상에 있는 모든 것이
육신의 정욕과 안목의 정욕과 이생의 자랑이니
다 아버지께로부터 온 것이 아니요

세상으로부터 온 것이라" (요일 2:15-16)

"우리는 우리가 하나님께 속하였음을 분명히 알고 있지만 이 세상은 악한 자가 지배하고 있습니다." (요일 5:19 쉬운성경)

세상과 키스하지 말라
그 달콤함은 잠깐이지만
괴로움은 오래간다

세상과 연애하지 말라
그 즐거움은 잠깐이지만
내게 찾아오는 것은 눈물뿐이다

세상을 사랑하지 말라
그 쾌락은 잠깐이지만
마지막은 사망이다

- 2016년 2월 7일 새벽

7. 하나님께 소망을 두라!

"너는 하나님께 소망을 두라."(시42:5)

믿음 소망 사랑, 하늘에서 내려온 너무나 귀한 하나님의 선물이다. 이 세 가지는 하늘에 속한 자와 땅에 속한 자를 구분하는 기준이 되기도 한다.

그 중에서 특별히 소망에 대해서 말하고 싶다.

어둡고 캄캄할수록 밤하늘의 별은 더욱 찬란하게 빛나듯 어둡고 캄캄함이 이 세상을 덮고 있는 이 시대에 우리에게 더욱 필요한 것은 바로 소망이다. 세상 사람들은 이럴수록 돈에다 소망을 두고 썩어질 세상에 소망을 두겠지만 구원받은 우리는 지극히 보배롭고 존귀하신 하나님, 지극히 위대하신 하나님, 날 구원하신 주 예수님께 소망을 두어야 한다.

"여호와 자기 하나님에게 자기의 소망을 두는 자는 복이 있도다." (시 146:5)

죠지 스위팅 박사는 말하기를 사람은 소망이 없이는 2초도 못산다고 했다. 그만큼 소망의 중요성을 언급한 것이다.

사람들이 왜 절망하는가? 왜 많은 사람들이 우울증에 걸리는가? 왜 많은 사람들이 자살을 하는가? 그것은 바로 소망이 없기 때문이다. 참 소망이 그들에게 있었다면 그들은 결코 절망하지 않았을 것이다.

하나님을 믿는 사람들 중에서도 소망을 잃어버리는 사람들이 있는데 하나님을 진정 사랑하고 신뢰한다면 어떤 상황에서도 소망을 잃어버리면 안 된다. 정말 극한 상황에서도 절망하지 아니하고 소망으로 이겨내야 한다.

하늘에서 별과 같이 빛나는 순교자들이 어떻게 순교했을까요? 그들은 철저한 신앙으로 하나님을 끝까지 신뢰하고 사랑하고 소망을 잃어버리지 않았기 때문이다. 만약 마지막 순간에 소망을 잃어버렸다면 그들은 하늘의 영광을 차지하지 못했을 것이다.

그리스도인에게는 누구에게나 소망이 있다. 그러나 그 소망의 강도가 중요하다. 아주 작은 소망, 희미한 소망은 시험이 찾아오거나 환난이 닥쳐오면 끊어질 수 있다. 그러므로 결코 끊어질 수 없는 강력한 소망을 가져야 한다.

어떤 사람의 소망은 백만 볼트짜리 소망을 가진 자가 있다. 백만 볼트짜리 소망을 가진 자는 하나님을 향한 사랑이 너무 뜨거워서 가만히 있지를 않는다. 틈만 있으면 하나님을 찬양하고 시간만 있으면 기도하고 시간만 있으면 전도하면서 하나님을 기쁘시게 하며 하나님께 영광을 올려드린다.

그러나 백 볼트짜리, 십 볼트짜리 소망을 가진 자는 하나님께 소망을 두며 산다고는 하지만 하나님의 기쁨이 되지는 못한다.

그럼 누가 백만 볼트짜리 소망을 가진 사람일까요?

그들은 하나님을 만난 자요. 천국의 비밀을 아는 자요. 십자가의 예수님을 사랑하는 자요. 주님 향한 첫사랑을 가진 자요. 술람미의 영성을 가진 자요. 성령으로 충만한 자요. 하나님의 영광을 본 자일 것이다.

이처럼 소망은 너무나 중요하다.

참 소망이 없거나 소망이 식어진 사람들은 어서 속히 힘을 내야할 것이다. 아주 강력한 백만 볼트짜리 소망을 가질 수 있도록 가난한 심령으로 예수님의 십자가 앞으로 나아가야 할 것이다. 하나님의 은혜의 보좌 앞으로 담대히 나아가야 할 것이다. 세상의 헛된 것들을 과감하게 버리고, 세상의 썩어질 것들을 배설물로 여기며, 저 높은 곳 천성을 향하여 달려가야 할 것이다. 더 이상 모래 위에 집을 짓거나 얼음집을 짓지 말고 천국에 빛나고 아름다운 황금집을 지을 수 있도록 소망을 품고 하나님께서 주신 사명을 위해 죽도록 충성을 다해야 할 것이다. 그 무엇보다 날 구원하신 예수님, 날 지으신 하나님 아버지를 사랑하므로 만나고 싶고 보고 싶은 간절한 소망을 가져야 할 것이다.

"주여 이제 내가 무엇을 바라리요.
나의 소망은 주께 있나이다." (시 39:7)

"소망이란 인류를 위한 선물이다.
소망이 없으면 사람들은 생기를 잃는단다."
(천국 방문 160p. 애나 로운튜리)

8. 여호와를 찾으라 그리하면 살리라

"너희는 여호와를 찾으라. 그리하면 살리라." (암 5:4.6)

지금 이 시대는 그 어느 때보다도 여호와 하나님을 찾을 때이다. 이스라엘 백성들은 여호와 하나님을 찾지 아니하고 우상을 섬기면서 하나님께 범죄하기를 끊임없이 반복적으로 했던 것을 우리는 성경을 통해 잘 알고 있다.

지금 마지막 때를 살아가고 있는 우리의 모습은 어떠한가?

인본주의와 물질 만능주의에 젖어 하나님 앞에 무릎을 꿇기보다는 자신을 더 사랑하고 세상을 더 사랑하고 있는 우리의 모습이 아닌가? 하나님은 우리가 목마른 사슴처럼 하나님을 찾기를 원하신다. 날마다 무릎 꿇기를 원하시며 매순간 하나님을 찾기를 원하신다. 그런데 우리는 하나님과의 사랑보다는 일에 더 집중하고 있지는 않은가?

솔로몬이 처음에는 일천번제를 드리면서 하나님을 열심히 찾았지만 그 후에는 다윗처럼 하나님을 찾지는 못했다. 오히려 우상으로 인해 하나님을 노엽게 했던 것이다.

왜 많은 크리스천들이 지옥에 떨어졌을까? 그들도 처음에는 하나님 앞에 늘 무릎 꿇고 기도했을 것이다. 그러나 끝까지 하나님을 찾지 않다가 결국 쓰러지고 넘어져서 지옥으로 떨어진 것이다. 우리는 늘 겸손한 마음으로 하나님의 얼굴을 구해야 한다. 천국 보좌에 영원토록 좌정하신 지극히 크신 하나님을 날마다 찬양하며 경배하며 하나님을 찾아야 한다.

하나님을 찾는 것이 기쁨이요 즐거움이 되어야 한다.

주님 곧 오신다.

혹시 주님과의 첫사랑을 잃어버렸다든지, 심령이 늘 답답하고 기쁨과 평강이 없다든지, 미지근한 신앙생활을 하고 있다면 이제는 더 이상 지체할 시간이 없다. 더 이상 미루어서도 안 된다. 머뭇거릴 시간도 없다. 날마다 하나님의 보좌 앞으로 담대히 나아가 전능하신 하나님 앞에 무릎을 꿇어야 한다.

[왜 하나님을 찾아야 하는가?]

1. 내가 살기 위해서이다. (암 5:5)

   - 천국에 들어가는 숫자가 너무나 적다. 구원받는 게 그리 쉬운 것이 아니다. 좁은 문이다. 내가 먼저 구원받아야 하며 내가 먼저 살아야 한다. 그러기 위해 하나님을 찾아야 한다. 하나님을 만나야 한다.

2. 나를 지으신 분이 하나님이시기 때문이다.

   - 인간은 연약하기에 누군가를 의지하게 되어 있다. 그러나 말도 못하고 듣지도 못하는 우상을 찾으면 안 된다. 나를 지으신 하나님을 찾아야 내 인생이 행복해진다.

3. 하나님은 만복의 근원이시기 때문이다.

   - 사람은 누구든지 복 받기를 원한다. 인간의 힘과 노력으로 부요한 삶을 누릴 수 있지만, 만복의 근원이신 하나님께서 복을 주

시지 않으면 아무 소용없다. 한순간에 모든 것을 잃어버릴 수 있다. 만복의 근원이신 하나님을 찾으라. 하나님으로부터 축복을 받으라.

4. 나를 진정 사랑하시는 분은 하나님이시기 때문이다.

- 하나님의 사랑은 무한하다. 그러나 인간의 사랑, 혈육의 사랑은 완전하지 못하다. 주님은 나를 사랑하사 나를 구원하기 위해 십자가에서 죽으셨다. 이보다 더 큰 사랑이 어디 있는가? 나를 영원토록 사랑하시는 하나님을 찾으라. 결코 후회하지 않을 것이다.

5. 주님 곧 재림하시기 때문이다.

- 예수님께서 재림하시기 전에 전무후무한 대 환난이 닥치는데 지금 하나님을 찾지 않으면 그때 후회하게 된다. 자신이 아직 믿음이 약하다고 생각한다면 어서 속히 더 많이 무릎을 꿇어야 한다. 여호와를 찾으라 그리하면 살리라.

9. 사랑과 공의의 하나님을 알라

"내가 나 된 것은 하나님의 은혜로 된 것이니... 하나님의 은혜로라."(고전 15:10)

하나님께서 나를 택하셨다는 이 한 가지만 생각하여도 너무너무 감사하고 또 감사하고 오늘도 감사하고 내일도 감사하고 이 감사는 영원토록 계속될 것이다. 할렐루야 아멘! ~

인생이 무엇이관대 내가 무엇이관대 나를 이처럼 사랑하신 하나님의 은혜를 어찌 다 표현할 수 있으랴. 그 은혜를 어찌 다 갚을 수 있으랴. 우리 인간을 지으신 하나님, 천지를 창조하신 하나님은 너무나 좋으신 하나님, 사랑의 하나님이시다.

세상 사람들은 하나님을 믿지도 않으면서 원망하고 불평한다. 하나님이 나를 사랑하신다면 왜 나를 도와주시지 않느냐며 항의하며 불평한다. 믿는 자들도 마찬가지이다. 그들은 하나님을 알지 못해서 그렇다. 이스라엘 백성들도 하나님을 알지 못해서 망하고 심판을 받았다.

우리는 하나님의 그 크신 사랑을 예수님의 십자가의 죽으심을 통해 잘 알고 있다. 하나님은 사랑을 확증해주신 것이다.

나는 어느 날 책을 읽으면서 하나님은 정말로 사랑의 하나님이시구나! 하나님은 사랑 그 자체이며 온통 사랑 덩어리이시구나! 하는 것을 다시 한번 알게 되었다. 이 영적 사실을 책을 통해 간접적으로 알게 되었지만 내 기억 속에 잊혀지지 않았다. 그 내용을 소개하면 다음과 같다.

'천국 체험'(주디 프랭클린, 베니 존슨)이라는 책에 보면 저자는 신기한 영적 체험을 한다.

"아버지께서는 마치 알약을 입에 던져 넣듯 나를 입 안에 넣으셨다. 이후 내 몸은 빠른 속도로 이동하여 아버지의 심장에 도착했다. 나는 심장 속 한쪽 귀퉁이에 선 채, 수많은 세포들이 파도처럼 들어가고 나가는 것을 지켜보았다. 각각의 세포에는 '사랑'이라는 이름표가 붙어 있었다....

이후 하나님의 뇌를 향해 출발했다. 뇌 속의 충전 세포는 분홍빛 네온처럼 강렬한 빛을 깜빡이며 어떤 문자를 만들어 냈다. 읽어보니 '사랑'이었다. 수십만 개의 분홍빛 네온이 '사랑'이라는 글자를 깜빡이고 있었던 것이다." (천국체험 188,189)

정말 놀랍고 신기한 영적 체험이다.

하나님께서는 성경을 통해 말씀하셨지만 실제 영적 체험을 통해서도 하나님은 온통 '사랑'의 하나님이심을 알게 해주시니 얼마나 감사한 일인가?

이처럼 사랑이 많으시고 완전 사랑 그 자체이신 하나님, 온통 사랑 덩어리이신 하나님, 세상을 이처럼 사랑하사 아무도 멸망하지 않고 다 회개하고 구원받기를 원하시는 하나님, 모두에게 영원한 생명, 영생의 복을 주고 싶은 하나님, 그러나 하나님의 사랑을 받을 수 없는 사람이 있으니 그들은 곧 하나님의 계명을 지키지 않고 불순종하는 사람들이요 하나님의 뜻을 어기고 하나님의 뜻대로 살지 않는 사람들이다. 이들은 하나님의 공의의 심판을 받아 성밖으로 쫓겨나든지 지옥으로 떨어지게 되는 것이다.

또 이 시대에 그들이 아무리 교회에 출석하고 하나님을 믿는다고 할지라도 우상을 버리지 못하고 짐승의 표 666을 받게 되면 그 사람은 모든 희망을 잃어버리게 된다. 하나님으로부터 영생을 약속 받았지만 영생을 잃어버리게 되고 그의 이름도 생명책에서 지워지게 된다. 그가 그동안 쌓아 올린 공적도 불에 타버리게 된다. 천국에 아름답게 지어진 황금보석 집도 한순간에 사라지게 된다. 물거품이 된다. 그러므로 결코 666표를 받으면 안 된다.

사랑보다 더 위대한 것은 하나님의 뜻이다. 하나님의 뜻은 곧 하나님이시다. 하나님의 말씀은 곧 하나님이시다. 하나님의 뜻이 모든 것을 압도한다. 아무리 은사가 있고 능력이 있고 선한 일을 많이 했다 할지라도 하나님의 뜻을 거슬리는 자는 천국문 앞에서 쫓겨나게 될 것이다. 마지막 때 "짐승의 표 666을 받지 말라" 이것은 이 시대에 우리에게 향하신 하나님의 뜻이다. 이 뜻을 어기면 누구든지 유황불 지옥이다.

하나님의 뜻, 하나님의 계명을 지키는 자라야 하나님을 사랑하는 자이다. (요일 5:3)

하나님의 계명을 지키지도 않으면서 사랑한다고 하는 것은 거짓말이다. 부부지간에도 상대방이 싫어하는 것을 계속하면서 말로만 사랑한다고 하면 그것은 거짓이다. 천국은 거짓된 사람이 들어가는 곳이 아니다. 진실한 자, 사랑을 행한 자, 거룩한 자, 깨끗하게 회개한 자들이 들어가는 곳이다.

하나님은 이처럼 사랑의 하나님이지만 행한 대로 갚으시는 공의의 하나님이시다. 하나님의 뜻대로 살지 못한 자들을 심판하시는 심판의 하나님이시다.

하나님의 뜻을 아는 자

* "눈이 뜨인 자는 하나님의 뜻을 알 것이니라. 하나님의 뜻을 아는 자는 목숨을 바칠 수 있느니라. 진리를 위해서 목숨을 바치는 자는 영원한 왕권으로 축복해 줄 것이니라."
(창세기의 비밀, 460p)

* "가장 완전하고 거룩한 영혼은 내 아버지의 뜻을 행하는 영혼인데 그런 영혼들이 많지 않다."   (파우스티나 자서전, 603)

* "하나님의 뜻은 생명이고 인간의 뜻은 죽음이다."
(천상의 책, 제 13권 47번)

* 예수님께서 오셔서 이렇게 말씀하셨다.
"나의 뜻이 언제나 모든 것을 지배하는 최상권을 가지고 있다." (천상의 책, 제 11권 63번)

10. 일어나라 빛을 발하라!

지금 이 시대는 악의 세력과 거짓과 탐욕과 음란과 우상이 가득한 세상이다. 영적으로도 혼탁한 시대요 어둡고 캄캄한 시대이다. 많은 사람들이 미혹되어 이단 사이비에 빠져 신음하고 있는 영혼들이 많다.

이러한 것들을 알고 있다면 주의 군사들이여! 일어나 빛을 비춰야 하지 않겠는가? 참 진리를 외쳐야 하지 않겠는가? 어찌하여 앉아만 있단 말인가? 해는 서산에 지려고 하는데 어찌하여 바라만 보고 있단 말인가? 신랑 되신 예수님께서 곧 재림 하시는데 어찌하여 시간만 허비하고 있단 말인가? 일어나십시오! 복음을 전하십시오! 예수님을 전하십시오! 길이요 진리요 생명 되신 예수님을 전하십시오! 예수님께서 날 구원하기 위해 십자가 지셨는데, 예수님의 십자가 사랑으로 내가 지옥 불에서 건짐을 받았는데 어찌하여 가만히 있단 말인가요? 수많은 영혼들이 추풍낙엽처럼 불타는 지옥으로 계속 떨어지고 있는데 어찌하여 당신은 못 본 체하고 있단 말인가요?

달란트 비유를 생각해 보십시오.

두 달란트, 다섯 달란트 받은 자는 어떤 사람이 달란트를 맡겼을 때 장사하라고 말도 안 했지만 알아서 스스로 열심히 장사하지 않았는가? 한 달란트 받은 자는 장사 할 생각도 안 하고 땅속에 묻어놓지 않았나요?

다시 말해 주님을 위해 해놓은 것이 하나도 없다는 것입니다. 주님을 기쁘시게 한 것이 없는 사람이 어떻게 그날 들림 받을 수 있겠는가? 오히려 한 달란트 받은 자는 바깥 어두운 곳으로 쫓겨나지 않았는가? 신앙생활 수십 년 했는데 천국에 들어가지 못한다면 얼마나 슬픈 일이겠는가?

사랑하는 형제 자매여!

일어나 빛을 발하십시오! 더 이상 시간을 허비하지 말고 주님이 기뻐하시는 영혼 구원에 힘쓰십시오.

그리하면 하나님께서 생명을 살리기 위해 애쓰는 우리의 모습을 보고 귀한 상급을 예비해 놓을 것입니다.

* 어제 (2024.1.19.) 서울에 계신 어느 85세 은퇴하신 목사님으로부터 책 문의 때문에 연락이 왔다. 잘 알지 못하지만 서로 통화하면서 그 목사님께서 내게 꿈 이야기를 해주셨다. 너무 신기해서 함께 나누고자 한다.

"꿈속에서 황새 새끼가 다리를 다쳐 아프니까 내가 황새 새끼에게 하는 말, '내가 우리 집에 가서 치료해줄 테니 아무 걱정하지 말아라' 하니까 뒤에 따라오는 황새 어미가 내게 하는 말, '전도하세요. 전도지 가지고 전도하세요. 영혼 구원하세요' 이 세 마디의 말을 했다는 것이다." 참 신기한 꿈이다.

11. 축복의 주인공이 되라

앞으로 이 시대는 갈수록 경제적으로 많은 어려움을 겪게 될 것이다. TV를 통해 보았듯이 한번 전쟁이 일어난다든지 엄청난 자연재해가 닥친다든지 하면 가장 필요한 것은 식량이다.

너무 가난하여 먹을 것이 없어서 식량 때문에 자기 나라를 떠나는 사람들도 많이 있다. 지금 지구촌에는 굶주린 아이들과 목마른 사람들, 그리고 어려운 이웃들이 너무나 많다. 우리는 이럴 때에 아브라함처럼 복을 받아서 요셉처럼 나눠줄 수 있다면 참 좋을 것 같다.

"가난한 자를 보살피는 자에게 복이 있음이여 재앙의 날에 여호와께서 그를 건지시리로다." (시편 41:1)

'재물 얻을 능력'(신 8:18)을 받아서 즉, 물질의 축복을 받아서 내가 축복의 통로가 된다면 하나님께서 기뻐하실 것이다. 만복의 근원이신 하나님께서는 자녀들에게 풍성하게 공급해주기를 원하고 있다. 그러나 하늘의 아름다운 축복의 보고가 모두에게 열리는 것은 아니기에 내가 축복의 주인공이 되자.

"내 안에 거하며 쇠약해진 무릎과 상한 심령으로 나를 바라보는 자들에게만 풍성하게 공급할 것이다." (주님의 음성, 46p)
"복된 소낙비의 축복을 받으라!" (겔 34:26)

12. 날마다 감사와 찬양의 제사를 드려라

"감사로 제사를 드리는 자가
나를 영화롭게 하나니" (시 50:23)
"우리는 예수로 말미암아
항상 찬송의 제사를 하나님께 드리자."
(히 13:15)

당신은 인생 목적이 무엇인가? 라고 묻는다면 '오직 하나님을 기쁘시게 하며 하나님께 영광을 돌리는 것'이라고 답이 나와야 한다. 그것도 머뭇거리지 않고 바로 답이 나와야 한다. 그렇다. 우리는 먹든지 마시든지 무엇을 하든지 오직 하나님께 영광을 돌리는 삶이 되어야 한다.

하나님께 영광을 돌리는 방법에는 여러 가지가 있겠지만 가장 대표적인 것, 두 가지를 말한다면 '감사와 찬양'이다.

성경에는 감사와 찬송을 제사라고 표현했다.

제사를 드리려면 제물이 있어야 하는데 그 제물은 죽어야 하며 또한 제사를 드리기 위해서는 정성이 필요하다. 감사와 찬송의 제사를 드릴 때도 이와 같은 것이 필요하다.

하나님은 우리가 범사에 감사하라고 말씀하셨다. 이것은 시대를 떠나서 영원불변한 하나님의 뜻이다. 우리는 범사에 모든 일에 무조건 감사해야 한다. 감사할 줄 모르는 사람은 따지기를 잘하고 불평하고 염려한다. 하나님께서는 우리가 온종일 감사하기를 원하신다. 넘치도록 감사하기를 원하신다.

왜 그럴까? 모든 것이 하나님의 계획과 섭리 속에서 움직이고 있기 때문이며 하나님의 사랑과 은혜 안에서 살아가고 있기 때문이다. 또한 우리는 말할 수 없는 빚진 자이다. 너무나 큰 은혜를 입은 자이다. 그러므로 우리는 범사에 감사하며 살아야 한다. 벌레보다 못한 인간, 짐승과 다를 바 없는 인간을 지극히 높고 위대하신 하나님, 천지를 창조하신 하나님, 전지전능하신 하나님의 아들로 삼으셨으니 감사하고 감사하고 또 감사하고 영원토록 감사해야 할 것이다.

하나님은 감사할 줄 아는 자에게 놀라운 일을 행하신다. 생각지도 못한 좋은 일이 생긴다. 환경이 어렵고 가난이 계속된다 할지라도 감사로 하나님께 영광을 돌리면 그리고 그것이 쌓이고 쌓여서 태산같이 되면 분명히 기적은 일어날 것이다.

여섯 항아리에 물을 가득 채웠을 때 기적이 일어난 것처럼 감사의 기도 분량을 가득 채워서 흘러넘칠 정도가 되면 하나님께서는 반드시 하늘의 축복을 부어 주실 것이다. 아멘 ~

"감사는 하나님의 소유인 보고(寶庫)를 마음대로 열 수 있는 열쇠이다." (천상의 책, 제 4권 83. 루이사 피카레타)

다음은 찬양으로 하나님께 영광을 돌리는 것이다.

하나님께서 인간을 지으신 목적은 구원받은 하나님의 자녀들이 하나님께 찬송하기 위함이다. 그러므로 우리는 전도, 선교, 봉사, 구제 등 다 필요하지만 그 무엇보다 하나님께 찬양으로 영광을 돌리는 것을 잘해야 한다. 왜냐하면 아버지께서 너무나 기뻐하시기 때문이다.

"주를 찬송함과 주께 영광 돌림이 종일토록 내 입에 가득하리이다." (시 71:8)

'하나님의 부르심'이라는 책에 보면 예수님께서 이렇게 말씀하십니다. "너희들이 나의 아버지를 찬양하는 것보다 나에게 더 큰 기쁨은 없다. 내가 십자가의 길을 감당한 이유는 나를 통해 너희들이 아버지를 찬양하게 하기 위함이었다." (189p)

"산을 옮기는 방법은 찬양이라. 감사로 찬양하는 마음, 그것이 바로 산을 옮기는 길이다." (주님의 음성, 273p)

"나는 너 자체가 찬양이 되길 원한다. 너희의 사랑을 받고 싶어하시는 하나님이 너희의 찬양을 그리워하고 계신다. 너희는 하나님께 찬양의 제사를 드려라."

(예수님께서 제임스 말로니에게 하신 말씀)

이처럼 하나님 아버지께서는 찬양을 원하고 계신다. 우리가 천국에 가면 영원토록 할 일이 무엇이겠는가? 바로 아버지께 감사와 찬양으로 영광을 돌리는 일이 될 것이다.

할렐루야 아멘! ~~

13. 거룩한 사람이 되라

"불의를 행하는 자는 그대로 불의를 행하고 더러운 자는 그대로 더럽고 의로운 자는 그대로 의를 행하고 거룩한 자는 그대로 거룩하게 하라."(계 22:11)

"오직 너희를 부르신 거룩한 이처럼 너희도 모든 행실에 거룩한 자가 되라 기록되었으되 내가 거룩하니 너희도 거룩할지어다 하셨느니라"(벧전 1:15-16)

사람들이 대부분 자기는 깨끗하다고 생각한다. 그러나 하나님은 우리의 심령을 감찰하고 계신다는 것을 알아야 한다.

주님 곧 오시는 이 때에 우리는 내 자신을 살펴보고 점검해야 한다. 나는 과연 의로운 자인가? 거룩한 자인가? 나는 하나님이 기뻐하시는 자인가? 아니면 하나님께 인정받기에는 너무나 부족한 사람인가? 빨리 점검해서 준비해야 한다.

거룩함이 없이는 아무도 주님을 만나볼 수 없으며(히 12:14) 거룩한 성에도 들어갈 수 없음을 알고 날마다 '자기 두루마기를 빠는 자'(계 22:14)가 되어 거룩한 나라 천국에 입성하는 복을 받는 축복의 주인공이 되어야 할 것이다.

죄악 덩어리인 우리가 지극히 크고 위대하신 창조주 하나님의 거룩하심 같이 거룩한 자가 된다는 것은 사실 불가능한 일이다. 그러나 하나님은 거룩한 자가 되라고 했으니 우리는 거룩한 자가 되도록 끊임없이 날마다 내 자아를 죽이며 나의 모든 죄와 더러움을 씻어야 한다. 예수님의 보혈과 거룩하신 성령님의 도우심을 힘입어 그렇게 해야 할 것이다. 주님께서는 우리가 천사보다 더 거룩하고 맑은 물처럼 깨끗해지기를 원하고 있으니 그렇게 되도록 힘써야 한다. 이렇게 하는 것이 천국을 침노하는 것이다.

"모든 거룩한 자들이 주와 함께 하리라." (슥 14:5)
내가 거룩하지 못하면 천국에서 주님과 함께 할 수 없으니 얼마나 슬픈 일인가? 우리는 반드시 거룩함에 이르는 열매를 맺어야 할 것이며 거룩한 자의 반열에 들어가도록 힘써야 할 것이다. 거룩의 열매가 영생이니(롬 6:22) 즉 거룩하지 못하면 영생의 복을 받을 수 없으니 천국에도 들어갈 수 없다는 뜻이다. 그러므로 거룩함을 포기하는 것은 곧 천국을 포기하는 것이니 반드시 거룩한 자가 되도록 힘써야 할 것이다.

"거룩을 잃은 그리스도인은
더 이상 그리스도인이 아니다."
(성령 하나님께서 김은철 선교사님에게 하신 말씀)

하나님께서 김은철 선교사님을 통해서 '하나님의 대표적인 속성 거룩'에 대한 영적 비밀을 말씀하셨다.
"성령께서 이르시되, 얘들아, 거룩함은 전지전능하신 창조주만이 간직한 일곱 가지 대표적인 속성들을 총체적으로 표현한 것이니, 그것은 천부께서 피조물인 인간에게 자신의 아들딸로 대우하시며 안겨 주시는 가장 크고 귀한 선물이다. 진실로 이르노니 거룩과 비교될 것은 아무것도 없다. 왜냐하면 천국에 들어가는 것은 물론, 이 땅에서 주님과 동행하고, 성장하고 열매 맺고 성화되고 휴거되고 순교하는 것, 아들딸과 신부가 되는 것 모두 거룩하지 않으면 불가능하기 때문이다."

"거룩의 비밀, 곧 거룩의 신비를 알게 해주리라. 보라!
일곱 영과 함께 일곱째 하늘 보좌에 좌정하신 거룩하신 하나님 아버지께서 일곱 겹의 찬란한 빛 가운데 계시도다.
보라, 그 첫째가 영광이요, 둘째가 지존이요, 셋째가 지혜요, 넷째가 권능이요, 다섯째가 공의요, 여섯째가 사랑이요, 일곱째가 영생의 빛이니, 무지개((겔2:28))처럼 제각기 눈부신 빛을 쉼 없이 발하는 도다. 이 투명한 빛의 이름이 바로 거룩이니, 이는 이글거리는 화염, 살아 움직이는 불꽃, 회오리치는 불폭풍 같고, 거기서 기쁨과 평강과 자유와 영원불멸의 생명력이 끊임없이 발산되도다."

'일곱 겹의 투명하고 찬란한 빛이 거룩이다.'
참 신기하고 신비롭다. 이 영광의 하나님을 누가 만나볼 수 있을까? 바로 거룩하신 하나님처럼 모든 행실에 거룩한 자들이 그 주인공이 될 것이다.
그리고 우리가 만약 하나님의 은혜로 거룩하게 살면 어떤 은혜가 주어지는가?
'좌편 영계의 베일을 벗긴다.' 책에 보면 거룩하신 하나님께서 다음과 같이 말씀하셨다.

"거룩하게 사는 하나님의 사람들은 완전 자유가 있으며 특권이 있으며 영생이 보장되어 있으며 어디로 가든지 하나님의 인도가 있느니라." (216p)

또 '현대판 종말의 묵시록' 책에서는 하나님께서 거룩한 사람들에 대해 이와 같이 말씀하셨다.

"거룩한 하나님의 사람들은 세속적인 것을 쳐다보지 아니하고 세속적인 것에 물들지 아니하고 그 욕망에 사로잡히지 않고 하나님의 세계만을 바라보는 자들이다. 세상과 상관없는 거룩한 인격을 갖춘 자들이니 하나님이 인정하는 사람들이다. 겉으로 볼 때에는 똑같은 사람 같으나 하나님이 거룩한 사람이라 인정하는 사람들이 있다. 이 사람들은 하나님의 사람으로 칭하며 하나님의 큰 일을 할 사람들이다."

영국의 카버 앨런 에임스는 축소형 최후의 심판을 경험하고 나서 예수님께 대한 사랑에 완전히 빠져 버렸는데 그가 쓴 책 '희망찬 나의 길'(4)에 보면 하나님께서 사랑을 실천한 거룩한 한 사람에 대해 말씀하셨다.

"하나님께 영광을 드리기 위하여 너희는 자기 자신을 바쳐야 한다. 하나님께 영광을 드리기 위하여 너희는 사랑을 바쳐야 한다. 하나님께 영광을 드리기 위하여 너희는 시간을 바쳐야 한다. 너희가 내 아들의 이름으로 다른 사람들에게 자신의 귀중한 시간을 내줌으로써 사랑으로 자기 자신을 바칠 때 너희는 하나님을 영광되게 한다.

만나는 사람마다 모두 사랑했던 사람이 있었다. 그는 할 수 있는 한 많은 사람을 도와주었고 할 수 있는 한 많은 것을 남에게 베풀었다. 그의 인생은 베풂의 인생이었으며 사랑의 인생이었으며 그리고 하나님의 영광을 위한 인생이었다. 왜냐하면 그는 행하는 모든 일로 항상 하나님의 사랑을 선포했기 때문이다. 그는 살아서는 하나님의 살아있는 징표가 되었고 죽어서는 성인이 되었다. 모든 사람은 이 사람같이 될 수가 있다. 모든 사람은 사랑을 생활화할 수가 있으며 그러면 영원한 성인이 될 수가 있다. 성인은 나에게는 너무나도 특별한 존재이며 그의 인생은 나에게는 너무나도 소중한 것이다. 이 사람은 바로 성 루가이다."

* "너희는 거룩하라.
  이는 나 여호와 너희 하나님이
  거룩함이니라." (레 19:2)

14. 깨어 있으라 준비하고 있으라

"너희들은 울고 회개할지니라. 너희 눈앞에 심판이 닥쳐오고 있느니라. 지상 최고의 복 있는 자 생명책에 기록된 자들이니라." (다니엘 영해)

나는 약 7-8년 전에 대전 한복판에 큰 폭탄이 한 개 떨어지는 꿈을 꾸었다. (전쟁) 그리고 전 세계적인 기근에 대한 꿈을 꾸었으며 또 약 3년 전에는 마치 모래폭풍처럼 마을을 온통 덮치는데 모래가 아니라 불 폭풍이었다. (불심판)

하나님께서 앞으로 일어날 일들을 수년 전에 미리 보여 주신 것이다. 사실 지금 지구촌 곳곳에서는 크고 작은 전쟁을 하고 있다. 세상 종말이 정말 가까이 다가오고 있다.

하나님께서는 계시록을 통해 마지막 때 일어날 일들을 이미 알려 주셨지만 14년 전 우종만 목사님의 요한 계시록 책을 통해서 다음과 같이 알려 주셨다.

"대환난 시대는 세계가 자신들의 욕망을 전쟁을 통하여 채워 보려고 전쟁을 시작하게 된다. 지금은 전쟁을 안 할 것 같지만 때가 되면 세계는 전쟁의 도가니 속으로 들어가게 된다."

앞으로 하나님의 심판은 여러 방법으로 나타나겠지만 가장 대표적인 것이 불심판이다. (전쟁, 화산, 폭염, 산불 등)

"불이 그들의 앞을 사르며 불꽃이 그들의 뒤를 태우니... 그것을 피한 자가 없도다." (요엘 2:3)

"만군의 여호와가 이르노라. 보라 용광로 불 같은 날이 이르리니...." (말 4:1)

"이제 하늘과 땅은.... 불사르기 위하여..." (벧후 3:7)

"심판의 광경은 전 세계가 불로 한 시간 타는 무서운 심판이니 그들의 말로는 그것으로 끝날 것이다. 한 시간 불탈 세상 상품과 재물을 의지하지 말지니라." (요한 계시록 201p 우종만)

"그러한 부가 한 시간에 망하였도다." (계 18:17)

"여호와께서 이르시되 내가 땅 위에서 모든 것을 진멸하리라."
(스바냐 1:2)

[불 심판]

1. 자연에 의한 불심판 – 인간의 죄 (생태계 파괴, 기후변화)
2. 전쟁으로 인한 불심판 – 핵 전쟁
3. 하늘에서 내려온 불심판 – 불과 유황 (소돔과 고모라)
4. 영원토록 불타는 지옥의 불심판 – 지옥 불못 (약 3000도)

지금은 때가 급하다. 잠자는 영혼이 있다면 어서 속히 일어나서 하나님 앞에 무릎을 꿇어야 한다. 지금은 깨어 있어야 하며 준비하고 있어야 한다. 슬기로운 다섯 처녀처럼 등과 기름을 준비해야 한다. '아직은 아니다'라고 자꾸 미루지 말고 불타오르는 열정으로 복음을 전하며 맡은 사명 잘 감당해야 한다. 시간이 없다. (많은 사람들이 자기에게 기름이 없는데 있는 줄로 착각하고 있다)

15. 예수님의 보혈을 의지하라

죄악으로 타락한 인간이 구원받을 수 있는 유일한 길은 오직 십자가에서 피 흘리신 예수님밖에 없다. 그러므로 구원받은 성도가 예수님의 피, 에수님의 보혈을 찬양하는 것은 당연한 것이다. 예수님의 피는 생명의 피요. 사랑의 피요. 거룩한 피요. 능력의 피다. 우리는 이 세상 떠날 때까지 예수님의 보혈을 의지해야 하며 찬양해야 한다. 어린 양의 피로 승리해야 한다. 천국에서도 영원토록 보혈을 흘리신 주님은 찬양과 영광을 받으신다. 이는 지극히 당연한 것이고 아름다운 것이다.

이처럼 우리의 생명은 예수님의 피에 있으니 나의 영혼육에 예수님의 피를 뿌리고 덮고 가득 채워야 한다. 우리는 예수님의 피 뿌림을 얻기 위해 택하심을 받은 하나님의 자녀들이다. 그러므로 날마다 믿음으로 나에게 피를 뿌려야 한다.

"예수 그리스도의 피 뿌림을 얻기 위하여 택하심을 받은 자들에게..." (벧전 1:2) "어린 양의 피와 자기의 증거하는 말을 인하여 저를 이기었으니..." (계 12:11)

'천상의 천사' 라는 책의 저자인 케빈 바스코니에게 주님은 예수님의 피에 대해 다음과 같이 말씀하셨다.

"보혈의 능력이 너를 깨끗하게 완전하게 한다는 것을 절대로 의심하지 말거라. 내 피는 우주에서 가장 강력한 것이다. 내 피를 바르면 어떤 것도 지울 수 없다. 내가 너를 지명하였고 깨끗하게 했다. 이제 가거라. 그리고 네가 나의 피로 씻겨진 것을 항상 기억하라!"

예수님의 피는 우주에서 가장 강력한 것이라고 하셨다.

어린 양 되신 예수님의 피는 출애굽 당시 주의 백성들의 생명을 지켜주었다. 죽음이 피해 갔다. 그런데 오늘날 우리의 모습은 어떠한가? 코로나 전염병이 전 세계로 퍼져 죽음의 위험이 닥치자 한결같이 예수님의 피를 의지하기보다는 백신을 더 의지하였던 것이다. 전능하신 하나님을 의지하기보다는 정부의 방침을 따른 것이다. 굴복한 것이다.

출애굽 당시 하나님의 백성들의 생명과 자유와 구원과 승리를 안겨준 것은 어린 양의 피였다. 우리도 이제 이 죄악된 세상에서 벗어나(탈출) 천국에 들어가기를 원한다면 어린 양 되신 예수님의 피로 날마다 '자기 두루마기를 빠는 자들'이 되어야 할 것이다. (계 22:14) 내 영혼육의 문설주에 날마다 예수님의 피를 뿌리고 먹고 마셔야 한다. 할렐루야 아멘! ~

[예수 피를 뿌리는 방법]

"예수 피, 예수 피를 뿌리고 덮노라. 예수 피를 손 동작을 움직이면서 뿌리는데 제 손에서 45도 각도로 물줄기가 양 손바닥에서 뿌려지면서 계속 반복이 되었다." (글 : 예수 축복)

우리가 이처럼 믿음으로 뿌리고 덮고 하면 영적 세계에서는 놀라운 일이 벌어진다는 것이다. 우리는 예수님의 보혈의 능력과 그 위대함을 지식적으로 알고 있지만 내 삶에서 적용하지 않으면 소용이 없다.

그렇다면 어떻게 적용해야 하는가?

1. 예수님의 보혈 찬양을 많이 부른다.
2. 보혈 기도문으로 기도한다.
   (기도문 없이도 할 수 있으나 보혈 기도문으로 기도하면 더 구체적으로 할 수 있어서 좋다)
3. 매일 성찬식을 한다.
   - 예수님의 피와 살을 먹고 마심으로 기념한다.
     (고전 11:24-25)
   - 예수님은 우리를 피로 사서 하나님께 드리셨다고 성경에 기록되었다. (계 5:9)

성도의 가장 강력한 무기는 말씀과 기도(찬양)와 보혈이다. 그런데 개신교에서는 그동안 보혈을 잘 적용하지 못했다. 최근에는 주님께서 보혈 기도문을 가르쳐주셔서 많은 성도들이 하고 있지만 예전에는 그렇지 못했던 것 같다. 성찬식도 1년에 한두 번 하는 교회도 있다. 그러나 카톨릭에서는 성찬식을 많이 하고 있기 때문에 그 좋은 점은 본받을 필요가 있다. 성경에서는 분명히 주의 피와 살을 먹고 마심으로 기념하라고 했는데 1년에 한두 번 해서야 되겠는가? 할 수만 있다면 매일 하는 게 좋다고 생각한다.

다음은 카톨릭 신자가 성찬에 대해서 쓴 글(대언의 영)을 소개하고자 한다.

"예수 교회는 죄인들이 예수님이 흘린 피를 생각하면서 눈물을 흘리는 장소이다." "죄인들은 성찬으로 예수님의 피와 살을 먹지 않으면 살아날 길이 없는 것이다. 예수님의 피와 살을 먹어야지 죄악에 눌린 너희가 죄에서 서서히 풀려 나온다." "이 땅에서 예수의 피로써 회개하면 지옥에서 20년 회개할 것을 하루 만에 해치우는 것이다."

"너희들이 평소에 성찬을 많이 한 입술로서 예수 이름을 부르면 예수님께서 마귀들의 대가리를 때리신다." "너희들이 성찬을 하면 너희들이 성찬을 한 만큼 아버지는 무슨 대가를 주게 되어 있다." "너희들이 성찬을 많이 하면 아버지는 너희들의 허물을 많이 줄여서 보신다."

"성찬이 없는 교회는 예수 피가 없는 껍데기인 교회이다. 예수 이름과 예수의 피가 흐르는 성찬을 늘 하는 곳이 예수 교회이다. 예수 믿는다는 사람들이 성찬을 하지 않으면 이 땅에서 해야 할 기본 중에서 반쯤은 하지 않는 자들이다."

"면류관에 반드시 붉은 색이 있으니 예수님의 피 흘린 자국을 넣게 되어 있다."

이와 같이 날마다 보혈 찬양을 하고 보혈 기도문으로 기도하고 성찬을 하면 영적으로 많은 은혜를 입게 될 것이다.

16. 죄와 더러움을 씻으라

마지막 시대를 살아가고 있는 우리에게 그 무엇보다 중요한 것은 다시 오실 신랑 예수님을 맞이하기 위해 우리의 영혼육을 정결케 하는 것이다. 그러기 위해서는 십자가에서 피 흘리신 예수님의 보혈로 우리의 죄와 더러움을 씻어야 한다. 다니엘의 기도처럼 "우리의 죄와 우리 조상들의 죄악"(단 9:16)을 회개해야 한다.

왜 조상들의 죄를 내가 회개해야 하는가?

우리 조상들은 하나님을 알지도 못하였기에 하나님을 섬기지 않았고 오히려 우상을 숭배할 수밖에 없었던 것 같다. 이로 인해 저주가 자손 대대로 흐를 수밖에 없었던 것이다.

우리는 이렇게 생각한다. '내 자범죄도 회개하기 바쁜데 부모 조상들이 지은 죄까지 꼭 회개해야 한단 말인가?'

우리가 하나님 앞에서 흠과 점이 없고 완전성결을 이루려면 다니엘, 예레미야처럼 내 자신의 죄 뿐만이 아니라 조상들의 죄까지 내가 뒤집어쓰고 회개하므로 저주를 끊어서 축복된 삶을 살아가야 할 것이다.

사실 '나'라는 존재는 조상 때부터 계속 물려받은 몸이기 때문에 우리의 몸과 심령, 혼속에 얼마나 많은 죄성이 쌓이고 쌓여 있겠는가? 천년된 나무는 나이테가 천 번이나 겹겹이 쌓여 있을 것이다. 마찬가지로 내 자아, 내 몸, 내 혼도 죄성으로 저주로 겹겹이 쌓여 있다는 것이다. 우리는 이것을 회개기도를 통해서만이 하나씩 뜯어내야 한다. 악한 세력들이 내 안에 집을 짓고 있는데 사람들은 이러한 영적 원리들을 잘 모른다. 아는 사람들은 깨닫고 열심히 회개하므로 자신을 정결케 하려고 노력하고 있다.

이런 부모 조상들의 우상숭배로 인한 악한 세력들에 의해서 각종 질병의 저주, 가난의 저주, 인격의 저주, 삶의 저주가 흐르고 있는 것이다. 그래서 하나님께서는 조상들이 지은 우상숭배 죄까지 내가 뒤집어쓰고 회개 기도하라는 것이다.

"우리의 조상들은 범죄하고 없어졌으며 우리는 그들의 죄악을 담당하였나이다."(애 5:7)
"자기의 죄와 조상들의 허물을 자복하고"(느 9:2)

하나님께서 줄리 자매에게 말씀하시기를
"아담에까지 거슬러 올라가서 너희의 조상들로부터의 저주를 끊어라. 그것들 모두를 나의 피로 덮고 나를 통해 너희에게 주어진 권세를 사용해서 너희의 심령에 대한 문들도 역시 밀폐하며, 대적에게 너희의 혈통에서 나가라고 명령해라… 지극히 높으신 하나님의 자녀로서 지배권을 행사해라… 너희 조상들에 의해 이루어진 언약들과 맹세들과 혼의 거래와 합의들을 통해 너희의 혈통을 통제했던 것을 몰수해라." "회개하지 않은 사람의 심령은 사악하고 모든 것들보다 기만적이다."

그리고 하나님께서는 천주영 선교사님을 통해서도 말씀하셨습니다.
"우리 안에 너무너무 죄성이 많고 우리 몸 안에 뿌려진 죄악들이 뿌리 박혀 있어서 쉽게 이것들이 물러가지 않는데요. 우리 몸 안에 너무 많은 죄악들이 있기 때문에 회개하래요. 우리 몸 안에 있는 그 뿌리 깊숙한 곳에 있는 조상들로부터 대대로 내려왔던 악한 것들 있잖아요. 한국에는 그게 너무 많대요... 조상의 귀신은 뿌리 깊숙한 데 숨어 있어요... 조상들의 쓴 뿌리가 얼마나 무서운지 알라고 말씀하셨어요. 조상들이 우리에게 주는 것들은 좋은 것들이 아니고 죄악을 계속 물려준대요. 우리가 이것들을 끊지 않으면 계속해서 알을 까기가 너무나 쉽대요. 예수님은 우리가 천국에 오기 전에 이것들이 다 제거되길 원하신 대요."

(우리가 반드시 가야 할 나라. 천주영)

이처럼 부모 조상들의 우상숭배로 인하여 내려온 저주가 영육 간에 얼마나 심각한 영향을 미치고 있는지를 깨닫고 우상숭배 회개 기도를 많이 해야 할 것이다.

우상숭배 회개 기도는 그렇게 쉽게 짧은 기간에 해결되는 것이 아님을 알고 하나님께 인정받을 때까지 기도해야 할 것이다.

"그 날에 죄와 더러움을 씻는 샘이 .... 열리리라."
(슥 13:1)

17. 네 자신을 지켜 정결하게 하라

"네 자신을 지켜 정결하게 하라." (딤전 5:22)

예수님의 재림, 휴거가 가까워질수록 하나님의 자녀들은 그 무엇보다 자신을 정결케 하는 것이 중요하다.

다니엘서 12장에 보면 마지막 때에는 "많은 사람이 연단을 받아 스스로 정결하게 하며 희게 할 것이나..." 또 주의 날을 기다리며 사모하는 자들에게 하나님께서는 "주 앞에서 점도 없고 흠도 없이 평강 가운데서 나타나기를 힘쓰라."(벧후 3:14) 라고 말씀하셨다.

그리고 예수님께서는 천국과 지옥을 체험한 리처드 시그문드에게 "성전, 곧 그들의 몸을 정결케 하고 나의 성령으로 충만케 되라고 이르라. 오직 나의 도움으로만 그들이 종말을 견딜수 있노라." 라고 말씀하셨다.

그러므로 하나님의 자녀된 우리가 곧 오실 주님을 맞이하려면, 공중에서 예수님을 만나려면 준비를 해야 하는데 그것은 바로 지혜로운 다섯 처녀처럼 기름과 등을 준비해야 하며 또한 내 자신을 정결케 하는 것이다. 나의 영과 혼과 육을 정결케 하는 것이다.

우리는 우리의 죄와 허물을 예수님의 피로 씻을 뿐만 아니라 내 자신을 더럽히는 것들을 없애야 한다.

내 자신을 더럽히는 것들은 수없이 많다.

눈으로 보는 것, 입으로 말하는 것, 음란한 것, 술과 담배, 가증한 것, 우상에 속한 것, 세속적인 것들..... 그리고 요즘 급속히 번지고 있는 마약, 약물, 문신 등등 하나님께서는 내 몸(성전)을 더럽히면 멸하신다고 말씀하셨다. 그러므로 내 몸을 더럽혔다면 빨리 회개해야 할 것이요. 또한 내 몸을 더럽히지 않도록 조심해야 할 것이다.

다니엘은 왕이 먹는 음식으로 인해 자신을 더럽히지 않았다고 했다. 즉 먹는 음식을 통해 얼마든지 우리는 내 몸을 더럽힐 수 있다는 것을 알아야 한다. 하나님께서는 왜 성경을 통해 부정한 음식, 가증한 음식에 대해 말씀하셨을까요? 다 이유가 있는 것이다. 지금은 신약시대니까 아무것이나 감사하는 마음으로 먹으면 될까요? 결코 그렇지 않다고 생각한다. 성경에 기록된 것처럼 "시장에서 파는 것은 양심을 위하여 묻지 말고 먹으라."(고전 10:25) 라고 했다. 그러나 항상 예외가 있는 것이다. "다만 우상의 더러운 것과 음행과 목매어 죽인 것과 피를 멀리하라."(행 15:20)
내가 먹는 음식이 가증하고 더럽고 부정한 음식이다는 것을 안다면 안 먹어야 하는 것이다.

나는 며칠 전에 어느 분한테 다음과 같은 문자를 받아보았다. "장로들 중 3명이 자다가 하나님이 나타나 너의 주의 종에게 개고기, 뱀탕 같은 불결한 것을 먹이지 마라. 앞으로 또 먹으면 병들게 해서 너희 목숨을 거둬가리라."
그 꿈을 꾸고 나서 장로님들은 목사님에게 찾아가 잘못했다면서 지은 죄를 깨끗이 회개하겠습니다. 라고 했다는 것이다.

그리고 「우리가 반드시 가야 할 나라」라는 책을 보면 예수님께서 증언자 천주영 선교사님을 통해 다음과 같이 말씀하셨다.

"돼지와 사람이 다른 점이 무엇이냐? 짐승과 사람이 다른 점이 무엇이냐? 참을 수 있는 것이다. 인내할 수 있는 것이고 절제할 수 있는 것이다. 그러나 많은 자들이 절제하지 않고 인내하지 않는단다. 세상의 종교들도 인내와 절제를 가르치지. 이슬람교는 돼지고기를 먹지 않는단다. 나도 너희들에게 돼지고기를 먹지 말라고 했다. 우리는 신약시대에 살기 때문에 다 먹어도 된다고 너희들 참으로 잘 먹는구나. 삼겹살을 너무나 좋아하고 모이기만 하면 삼겹살을 구워 먹는구나. 기도원에서 맛있는 상추를 보니까 삼겹살이 더 당긴다고 속으로 말했지? 너희들의 육체가 그렇단다...

너희가 정결하기를 원하느냐? 나의 정말 아름다운 신부로서 잘 준비 되어지길 원하느냐? 세상의 모든 것은 너희들을 더럽히는 것으로 입혀진단다. 너희가 육체를 입고 있기 때문에 이것들을 분별해야 되는 이유가 이것이란다. 아무거나 먹고 아무거나 걸치고 아무 곳이나 가면은 그 벽들이 다 허물어지고 너희들의 보호막이 다 벗겨진단다."

돼지고기, 대부분 사람들이 너무나 좋아하는 고기이다. 그런데 하나님께서는 이사야서를 통해 분명히 먹지 말라고 하셨다.

"돼지고기와 가증한 물건과 쥐를 먹는 자가 다 함께 망하리라 여호와의 말씀이니라."(사 66:17)

이슬람교에서는 돼지고기를 부정하고 섭취를 금지하는데 돼지고기는 죽은 동물의 고기로 간주한다는 것이다. 그리고 돼지고기는 많은 질병과 감염을 일으킬 수 있는 위험한 식품이다는 것이다.

그리고 하나님께서는 성경뿐만 아니라 성경을 해석한 책(우종만 목사)을 통해서도 말씀하셨는데 책 세 군데에서 동일하게 말씀하고 있다. 살펴보면 다음과 같다.

1. 흠없는 영적 신부들의 인격 (178p)
"구약의 말씀에 기어 다니는 것과 부정한 짐승들, 부정한 새들로 너희 몸을 더럽히지 말라고 하였다.... 이것은 영적이며 육적인 것이니라. 돼지고기와 가증한 물건과 쥐고기를 먹는 자는 망하리라 하는 말씀을 기억할지니라. 이사야 66장 17절에 있는 말씀을 귀히 여기고 그 말씀을 지키기를 원하노라. 앞으로의 시대는 하나님이 먹지 말라는 것은 먹지 말아야 되고 먹으라는 것은 먹어야 될 것이니 구별해야 될 것이니라. 그런 시대가 왔느니라... 너희는 이제 신부가 될 자들이니 거룩하게 살기 위하여 최선의 노력을 다할지니라."

2. 이사야 영해 (258p)
"믿는다 하며 정욕으로 사는 자들 돼지고기, 쥐고기, 가증한 음식을 먹는 자들은 그날에 다 망하리라. 그리스도의 나라(천년왕국)에 갈 자들은 아무 것이나 먹어서는 안 될 것이다. 심판의 영, 소멸의 영으로 피까지 정결함을 받아야 그 나라에 가기 때문이다. 스스로 거룩한 체하는 속된 가증한 인생들은 전부 망할 것이다."

3. 창세기의 비밀 (194, 273p)

- 돼지고기와 제사음식과 쥐고기를 먹는 자는 망하리라 이사야 66장 17절에 있는 말씀처럼 하나님이 허락하시지 않는 것을 먹는 자들은 육으로 망하고 영으로 망하는 것이니라... 앞으로 수많은 자들이 먹는 것 때문에 잘못 먹어서 죽는 일들이 일어날 것이니라. 잘못 먹어서 영적으로 죽는 자들이 많이 있나니 교회 안에서도 쑥물을 먹고 죽는 어리석은 양들이 많이 있을 것이니라. 진리라고 해서 다 진리가 아니니라. 진리에다가 비진리를 섞어서 쑥물을 먹이는 그런 자들이 있느니라." "구약에도 가증한 고기는 먹지 말라고 했느니라. 먹지 말라고 한 것을 먹는 자들은 앞으로 질병에 걸려 죽임을 당하는 일들이 무수할 것이니라. 왜 죽는지도 모르고 다 죽느니라. 하나님이 먹지 말라는 것은 먹지 말아야 될 것이니라. 아무거나 먹다가는 정녕 죽으리라 하는 말씀에 응하는 자이니 저주에 저주를 받게 되느니라."

이처럼 영적으로나 육적으로나 먹는다는 것은 중요하다.

왜냐하면 생명과 연결되어 있기 때문이다. 인류의 시조 아담과 하와가 범죄하고 타락한 것은 바로 먹지 말라고 한 선악과를 먹었기 때문이다. 하나님께서 먹지 말라고 하면 안 먹으면 되는데 인간은 늘 불순종한다. 앞으로도 먹는 것 때문에 사냐 죽느냐 결정이 날 때가 올 것이다. (제 2선악과, 666)

에덴 동산의 선악과를 인간이 먹음으로 불순종하여 사망이 찾아왔지만 예수님께서 십자가에서 죽으심과 부활하심으로 사망을 이기셨고 우리에게는 회개할 기회가 주어졌지만 앞으로 제 2선악과(666)를 먹을 때에는 회개할 기회가 없으니 영원한 불못이다.

이처럼 영적으로 육적으로 먹는다는 것은 매우 중요하다.

그것은 인간의 생명, 더 나아가 영원한 생명과 직결되는 문제이기에 사탄이 주는 독약이 겉으로 보기에 맛있고 탐스럽게 보인다 하여 덥석 받아먹어서는 안 되는 것이다. 지금 우리는 그런 시대에 살고 있는 것이다.

주님 곧 오신다. 내 자신을 정결케 하자.

내 몸을 정결케 하자. 나의 영혼육을 정결케 하자.

내 몸과 영혼을 더럽히는 것이라면 과감하게 버려야 할 것이다. 주님의 아름다운 신부가 되길 원한다면 그렇게 해야만 한다. 그 많고 많은 여자들 중에 왜 마리아가 구주 예수님을 잉태하는 축복을 받았을까? 그녀는 자신을 비천한 자라고 고백했지만 하나님 보시기에는 정결한 처녀였다는 것이다. 만약 마리아의 몸이 정결하지 못했다면 그런 축복을 누리지 못했을 것이다. 이제 우리는 에스더가 왕 앞에 나아가기 전에 열두 달 동안 몸을 정결하게 하는 기한을 마친 것처럼(에 2:12) 만왕의 왕이신 예수님 앞에 나아가기 전에 예수님의 신부로서 몸을 정결케 하는 기한을 잘 마쳐야 할 것이다.

또 한 가지 지상에서 정화되지 못하고 성숙되지 못하면 천국에 들어간다고 하더라도 천국 변두리에 거하게 되고 하나님의 보좌 앞에 나아가기 위해서는 그곳에서 천년 내지 천오백 년의 영적 훈련을 받아야 한다는 천국 간증도 있다.

그러므로 이 세상에 있을 동안에 내 자신을 정결케 하되 먹는 것, 보는 것, 말하는 것, 생각하는 것, 행동하는 것 모든 면에서 거룩하신 하나님을 닮아가도록 해야 할 것이다.

하늘에서 소리가 나기를
'인간의 죄가 얼마나 추한지 내가 여기서
그 죄를 감하여 주지 않으면 지옥에서라도
감당할 형틀이 없느니라'
(천의무봉, 신광철 목사)

아주 오래전에 인터넷에서 우연히 어떤 좋은 글을 읽어봤는데 그 내용을 소개하고자 한다. 이글은 누가 썼는지 알 수 없으며 출처도 알 수 없다. 예수님께서 하신 말씀인 것 같다.

아들아.
너의 다섯 가지 감각기관은 모두 죄의 도구들이니라.
너의 눈은 가장 사악하여 너를 간음하게 만들 시간을 늘 찾고 있으며 너의 귀는 또한 음란하여 음란한 말을 속삭여주기를 잠자코 기다리느니라. 너의 코는 또한 사치하여 좋은 향기 맡기를 원하고 너의 입은 간사하여 달고 좋은 맛을 원하고 나쁜 말 할 기회를 늘 찾으며 너의 피부는 가련하여 따뜻하고 부드러운 어루만짐을 갈구하느니라.
그러나 가장 사악하고 경계해야 할 죄의 도구는 바로 너의 눈이니 예수님께서는 너의 눈이 너를 실족케 하거든 뽑아 버리라고까지 말씀하셨노라. 그러니, 너의 눈을 가장 경계하라.

모든 나쁜 말들을 멀리하라. 네가 무심코 들은 나쁜 말들이 너의 세포 속에 또아리를 틀고 언제든 네 입을 통해 세상에 나오기를 염원하고 있느니라. 그러니 욕을 스스럼 없이 말하는 사람을 친구 삼지 말아라. 그가 욕을 많이 들었기에 자연히 마음에 가득한 욕을 말하느니라. 가련한 그를 위해 기도하라.

모든 음란한 사진과 동영상을 멀리하라.
너 자신과 남의 몸에 대한 탐심과 호기심으로 바라본 음란한 행위들이 너의 몸을 평생 괴롭히고 죄의 바다에 빠뜨리리라.
너의 눈을 잡아끌어 음란한 것 보기를 갈망케 하리라.
아울러 이쁜 여자를 보면 너를 음욕에 빠지게 하리라.
이것이 죄니라.
그러나, 좋은 향기와 좋은 음식은 잘 즐기면 너의 생을 풍요롭게 만들리라. 잘 즐기고, 다만 절제하라.

너의 과거와 현재와 미래의 그 어떠한 죄도 사함을 받게 하시기 위하여 예수님께서 너를 위해 십자가에 못박혔느니라.
네가 예수님을 믿음으로써, 의롭다 여김을 받고, 구원을 얻었으니, 네가 다시 죄에 빠지면 예수님을 십자가에 두 번 매다는 격이 아니겠느냐. 어찌 우리가 그리할 수 있겠느냐.
그러니 날마다 주기도문을 묵상하라.
죄에 빠지지 않게 해달라고 하나님께 간구하라.
하나님의 말씀으로 너의 뇌세포를 가득채워라.
그럼으로써 선하고 아름다운 말씀이 네 입에 가득하게 하라.

하나님이 창조하신 아름다운 자연의 모습들로 너의 시각을 채우고 너의 뇌세포에 좋은 풍경과 이미지들을 인박히게 하여라. 네 귀에 선한 노랫말의 노래를 담으라. 가사가 악하며 신성모독을 담은 노래라면 멜로디가 아무리 고와도 너의 귀를 빌려주지 말거라. 그 사악함이 너의 한쪽 뇌세포에 자리를 차지하고 있다가 사탄의 시험과 역사함으로 너를 그것보다 더욱 사악하고 죄스럽게 만들리라. 하나님의 심판은 세상의 그 어떤 두려움보다 더 두려운 두려움이니 죄의 바다에서 헤어나라.

십자가를 날마다 바라보라. 하나님의 말씀으로 무장하라.
예수님이 제자들에게 주신 말씀들로 너의 뇌세포들을 가득 채워라. 그리하면 사탄이 너를 넘어뜨리려 할지라도 말씀으로 이기며 말씀으로 극복하리라. 네가 예수님을 닮아가리라. 예수님처럼 행하리라.

네가 항상 죄의 바다에 빠져있으니 늘 두려움과 떨림으로 너의 구원을 믿고 소망하고, 기도와 사랑으로써 새 예루살렘을 바라라. 정녕 부탁하겠노라. 나쁜 말, 욕과 저주, 거짓 맹세, 음란한 사진과 영상, 엽기, 한담 등 세상에 가득한 이 허탄한 것들에 너의 시선 한 조각도, 너의 귀 한순간도 허락치 말라.

이미 너의 육체에 담긴 너의 죄 세포들을 세포 하나하나 예수님의 피로 씻어내라. 그리하면 희어지리니, 다시 희어진 너의 육체와 영혼의 세포들을 네가 다시는 더럽히지 않으리라. 너의 인생은 너의 죄 세포들을 예수님의 피로 씻고 하나님께로 당당히 나아가기 위해 허락된 것이니라. 정녕 그러하니라.

이 말씀 증거 하시기 위하여 예수님께서 못박히셨느니라.

정녕 그러하니라. 아멘!

"너는 나의 영원한 신부다.
너는 천사들보다도 더 정결해야 한다."
(파우스티나 자서전, 534)

"오직 마음이 물처럼 깨끗한 자들만이
이곳(천국)에 올 수 있다."
(예수님이 토마스 주남에게 하신 말씀)

"마음이 청결한 자는 복이 있나니
그들이 하나님을 볼 것임이요" (마 5:8)

18. 좁은 문으로 들어가기를 힘쓰라

"좁은 문으로 들어가기를 힘쓰라" (눅 13:24. 개역개정)

"사실 많은 사람들이 구원의 문으로 들어 가려고 하겠지만 들어 가지 못할 것이다. 그러니 좁은 문으로 들어 가도록 있는 힘을 다 하여라." (눅 13:24 공동번역)

예수님께서는 말씀하셨다. 좁은 문으로 들어가고 싶어도 들어 가지 못하는 사람들이 많다고…. 그러므로 우리는 있는 힘을 다해 야 한다. 죽도록 충성해야 한다.

무지한 사람들, 교만이 충만한 사람들, 악한 영에 사로잡힌 사 람들 몇 명을 제외하고는 누구든지 물어보면 다 천국에 들어가기 를 희망하고 있다는 것을 알 수 있다. 사람이 죽으면 당연히 천국 에 갔을 거라고 스스로 위로하며 말한다.

그러나 실제로는 거의 대부분 성밖이나 지옥으로 떨어지고 있 다는 것을 알아야 한다. 이는 많은 사람들의 천국 지옥 체험간증을 통해 밝혀졌기 때문이다.

어느 목사님이 쓴 글을 읽어 봤는데 어떤 분이 찾아와서 자기가 직접 체험한 것을 이야기 하더랍니다.

"산사태 사고로 한꺼번에 너무 많은 사람들이 죽어서 병원 영 안실 안으로 들어가지 못하고 영안실 앞마당에 천으로 덮인 채 약 24시간 동안 죽어 있는 상태로 있었다고 한다. 그때 누군가의 손 에 이끌려 천국과 지옥에 들어가는 영혼들을 지켜보는 장소에 서 있었다고 한다. 그때 천국에 들어가는 영혼은 단 3명에 불과했고 다른 영혼들은 모두 지옥으로 떨어지는 것을 보았다고 한다. 당시 그날에 전 세계에서 죽은 사람들이 17만 명이었다는 것을 뉴스를 통해 알게 되었다고 한다."

그 많은 사람들 중에서 단 3명만 구원받아 천국에 입성한 것이다. (그 사람이 24시간 내내 지켜봤는지, 몇 시간 동안 지켜봤는지는 정확히 알 수 없음)

이와 같은 체험은 또 있다.

"식물인간이었던 나는 병원 응급실에서 거의 죽어 있는 몸이었는데 그때 천국 체험을 하였다. 하나님의 심판대 앞에 서게 되었는데 그때 수만 명 중에 단 2명만 너무 기뻐서 춤을 추며 천국 문 안으로 들어갔다." (최준모 전도사)

그리고 예수님은 안젤리카에게 소수만이 천국에 들어온다고 말씀하셨으며 서사라 목사님에게도 천국에는 소수가 들어온다고 말씀하셨다. 그리고 17세기 청교도 리처드 백스터는 말하기를 매우 적은 수의 사람들만이 구원을 받게 될 것이라고 했다. 매튜 헨리도 택함 받은 사람들은 아주 적은 사람일 뿐이다고 했다. 11세 홍현일이가 환상으로 넓은 길과 좁은 길을 봤는데 넓은 길에는 몇 백만 명이나 되는 많은 사람들이 들어가고 좁은 길에는 100명도 안 되는 사람들이 들어가고 있는 모습을 보았다. 이 외에도 많은 사람들의 증언이 있다.

이처럼 천국으로 가는 길은 좁다.

그러므로 항상 두렵고 떨림으로 구원을 이루어가야 한다.

항상 하나님 앞에서 내 자신을 낮추며 겸손과 온유함으로 하나님을 섬겨야 한다. 그런데 자기가 무엇인데 하나님을 믿는다 하면서 주의 종들을 함부로 이단이라 판단 정죄하는지...

어떤 집사는 집회 자체를 못하도록 예배를 방해하고...

사람의 교만과 짧은 지식으로 함부로 판단 정죄하고 또 성령을 훼방하고... 어떤 목사는 방언 기도는 정신 없는 소리, 미친 소리라고 말했다는 이야기도 들었다.

성령 훼방죄에 걸려 지옥에 떨어진 자들이 굉장히 많다는 설교를 들은 적도 있다. 이렇게 함부로 말하기보다는 차라리 입술에 재갈을 물리는 게 더 나을 것이다.

아무튼 천국은 좁은 길이다. 길이 협착하다. 결코 쉬운 길이 아니다. 날마다 주님과 하나가 되어 주님과 동행하는 삶을 살아야 한다. 내게 주신 십자가를 감사함으로 끝까지 짊어지고 가야만이 좁은 길을 지나 종착역 천국에 도착할 수 있다.

그런데 많은 사람들이 천국에 들어가려고 하지만 결국 산 정상까지 오르지 못한 사람들이 수두룩하다. 이유는 무엇일까? 하나님을 만나지 못했기 때문이다. 설교 말씀은 들어도 하나님의 뜻대로 살지 않기 때문이다. 마귀 사탄에게 미혹되어 죄에 빠져 허덕이다가 인생을 마치기 때문이다.

주님은 제자들에게 말씀하셨다.

"너희 이름이 하늘에 기록된 것으로 기뻐하라." (눅 10:20)

좁은 길을 끝까지 다 걸어가고 달려갈 길을 다 마치면 주께서 반드시 생명책에 이름을 기록해주시고 또한 생명수와 생명나무의 과일도 먹을 수 있는 은혜를 베풀어 주실 것이다.

19. 십자가의 예수님을 사랑하라

세상에 모든 사람들은 예수님의 십자가 앞에서 그들의 인생이 좌우된다. 결정난다.

십자가를 물끄러미 쳐다보며 아무런 반응도 감각도 없다면 그 사람의 발걸음은 영원한 행복, 영원한 기쁨이 무엇인지도 모른 채 슬픈 인생, 가련한 인생의 길을 걸어가게 될 것이다. 그러나 성 프랜시스처럼 "십자가의 사랑이 나를 울게 한다"고 고백했던 것처럼 예수님의 십자가를 바라보고 예수님의 놀라운 사랑을 발견한 사람은 행복한 사람이 될 것이다. 그런데 이 행복은 영원토록 계속된다는 사실이다. 세상 사람들이 이 진리를 안다면 얼마나 좋을까?

기독교인 중에서도 십자가의 사랑을 가슴으로 느껴보지 못한 사람들은 나중에 변질될 수 있으며 하나님의 은혜에서 떨어져 예수님과 헤어지게 되는 안타까운 사람들도 생기게 될 것이다. 예수님의 십자가 앞에서 하나님의 사랑을 알고 회개의 눈물, 감사의 눈물을 흘렸다면 부디 그 첫사랑을 잃어버리지 말고 끝까지 예수님의 십자가 사랑으로 승리하는 사람이 되어야 할 것이다.

지금 이 시대에 필요한 것은 그 어느 때보다도 예수님의 피로 세운 새 언약을 붙들어야 할 때이다.

"이 잔은 내 피로 세운 새 언약이니" (고전 11:25)

이스라엘 백성들이 출애굽 할 때에도 그들이 살아남을 수 있었던 것은 바로 어린양의 피였다.

죄 많은 인간이 구원받을 수 있는 길은 오직 십자가에서 피흘리신 예수님을 믿고 회개하므로 가능하다. 그러므로 우리는 피흘리신 예수님께 감사드리며 영원토록 사랑해야 하는 것이다.

이제 이 지구상에 전무후무한 대 환난이 다가올 텐데 이 불타는 세상에서 구원받으려면 어린양 예수 그리스도의 피로 정결함을 받아 빛나고 깨끗한 세마포를 입고 있으면 나팔 불며 공중 강림하시는 예수님께서 데려가실 것이다. 죽음을 피하여 에녹처럼 산 채로 들림 받아 하늘로 올라갈 것이다.

만약 이 땅에 남겨진다면 순교를 통하여 구원을 받게 되는 것이다. 그래서 주님의 재림이 임박한 이 때에 우리에게 정말로 필요한 것은 예수님의 피, 예수님의 보혈로 자신을 정결케 하는 것이다. 우리는 죄악 덩어리이기 때문에 끊임없이 자신을 돌아보면서 회개기도도 해야만 한다.

우리의 몸과 마음, 심령속에 조상적부터 내려온 저주로 인해 악한 세력들이 깊숙이 박혀 있다는 것을 알고 계속 기도해야 할 것이다. 나는 죄인 중에 괴수요, 나는 천년묵은 죄인이라고 생각하며 늘 겸손한 마음으로 살아야 할 것이다.

성도는 예수 그리스도의 피 뿌림을 얻기 위하여 택하심을 받은 자들이다. (벧전 1:2)

그러므로 우리는 예수님의 피를 뿌려야 한다.

예수님의 피는 생명의 피요, 거룩한 피요, 사랑의 피요, 속죄의 피다. 마귀 사탄이 가장 무서워한다.

그러므로 우리는 믿음으로 뿌리면 된다. 내 머리부터 발끝까지 뿌리면 된다. 더 구체적으로 뿌려야 한다.

나의 영혼육에 뿌리고 내 머리, 눈, 얼굴, 입, 가슴, 심장...

온 몸과 마음에 뿌려야 한다.

'예수님의 보혈 기도문'을 가지고 기도하면 아주 좋다.

아가서 7장 12절에 보면 포도원이 나오는데 거기에서 사랑을 준다고 말한다. 포도원은 교회를 의미한다.

즉 교회에서 하나님께 예배드리고 기도하는 자들에게 하나님의 사랑을 베푸신다는 것이다.

그런데 그 포도원에 포도와 석류가 나온다.

아가서에서 가장 많이 언급하고 있는 과일은 포도와 석류다. 포도와 석류의 색깔은 붉은색이다. 포도는 더욱 진하다. 우리가 성찬식을 할 때 포도즙을 사용한다.

바로 붉은 피, 예수님의 보혈을 의미한다.

하나님은 예수님의 피가 흐르고 있는 교회를 사랑하신다.

하나님은 예수님의 피를 의지하는 자, 예수님의 피를 뿌리는 자에게 사랑을 주신다. 예수님의 피가 있는 자를 구원하신다. 그러므로 지금 이 시대에는 그 어느 때보다 예수님의 피가 중요하다. 예수님의 피는 곧 생명이요 구원이다. 우리는 십자가의 예수님을 늘 생각하며 묵상해야 한다. 묵상할 때 더 깊은 은혜와 사랑을 느낄 수 있기 때문이다.

예수님께서 성녀 파우스티나에게 "나의 십자가의 수난을 묵상함으로써 너의 영혼은 지극한 아름다움을 갖게 된다."고 말씀하셨다. 또 "1년 동안 내내 피가 나도록 채찍질을 하는 것보다 한 시간

동안 나의 슬픈 수난을 묵상하는 것이 더 큰 공로가 된다. 나의 아픈 상처들을 관상하는 것이 너에게는 더 유익하고 나에게는 더욱 큰 기쁨을 준다."

그리고 예수님께서는 마리아 발또르따에게 "너희들은 나의 십자가의 그 고통들을 대단히 적게 너무 적게 묵상한다. 너희들은 내가 너희를 위하여 어떤 희생을 치렀는지 너희들의 구원이 어떤 고통으로 얻어진 것인지를 곰곰이 생각하지 않는다."고 말씀하셨다.

우리는 십자가의 예수님을 사랑해야 한다. 왜냐면 날 구원하신 그 은혜와 사랑이 너무나도 크기 때문이다.

예수님의 십자가는 영적으로 어떤 의미가 있으며 어떤 은혜가 있는가? 예수님께서 루이사 피카레타에게 말씀하셨다.

"십자가는 아주 짧은 기간에 본래의 상태와 유사하게 영혼을 회복시켜 준다. 십자가는 영혼들로 하여금 인내심을 가지게 해준다. 십자가는 하나님과 영혼을 결합시킨다. 십자가는 매우 찬란한 빛을 영혼에게 주기 때문에 영혼이 투명해진다. 십자가는 그 빛으로 더없이 아름다운 용모와 형상을 빚어낸다. 십자가는 영혼을 준비시켜 하나님께 합당한 거처가 되게 하는 것이다. 십자가는 영혼에게 하나님을 계시하고 영혼이 참으로 하나님다운 점을 지니고 있는지 아닌지를 알려 준다." (천상의 책에서)

그리고 예수님께서는 루이사에게 "십자가, 얼마나 큰 사랑이었는지! 얼마나 기막힌 사랑이었는지! 너는 아느냐?....

네가 나의 십자가 가장 가까이에 있을 때 너는 나의 완전한 사랑

을 알게 되고 실제로 행하게 될 것이다."라고 말씀하셨다. 그리고
또 "나를 사랑하는 사람은 모두 내게로 오너라. 와서 참 사랑의 장
함을 배워라. 너희의 격정과 많기도 많은 야심과 허영과 쾌락과 육
정이 일으키는 갈증의 불을 나의 피로 꺼버려라! 나의 이 피 안에
서 너희의 모든 죄악을 낫게 할 약을 찾아내어라."

('우리 주 예수 그리스도의 수난의 시간들'에서)

그리고 계속해서 예수님께서 루이사에게 갈보리 언덕에서 수난
을 당하시는 예수님의 모습을 환상으로 보여주셨는데 그때 루이
사가 이렇게 외칩니다.

"꺼질 줄 모르는 사랑이신 예수님, 당신은 잠시도 쉬실 겨를이
없으십니다. 저는 큰소리로 울부짖는 듯한 당신의 사랑과 고통의
외침을 듣고 있습니다. 당신의 심장은 세차게 뛰고, 그럴 때마다
폭발하며 격통을 느끼는 맹렬한 사랑의 포효 소리가 들립니다. 삼
킬 듯 타오르는 이 사랑의 불을 견딜 수 없어서 당신은 불안해하고
신음 소리를 내며 한숨을 쉬십니다. 그리고 신음 소리를 내실 때
마다 그것이 제 귀에는 "십자가!"로 들립니다. 당신의 피가 방울방
울 "십자가!"를 외칩니다. 온갖 고통들이 한꺼번에 자꾸 "십자가!"
를 외치는 끝없는 바다 – 당신은 이 바다에 잠겨 계십니다. 그리고
큰소리로 말씀하십니다. '오 사랑하는, 내 열망의 십자가야, 너만
이 내 자녀들을 구원하리니, 내 모든 사랑이 네 안에 모여 있도다.'
'십자가에 못 박히신 예수님, 이제 피투성이가 되신 당신이 보입니
다. 당신께서 피바다에 잠겨 계십니다. 그런데 이 피는 방울마다
다만 한 가지만을 당신께 말씀드리고 있습니다. 그것은 바로 "영
혼들"입니다. 과연, 피 한 방울마다 그 속에 모든 세기의 영혼들이

우글거리고 있는 것이 보입니다. 그러므로, 오 예수님, 당신은 저희 모두로 하여금 당신 자신 속에 있게 하신 것입니다! 이 피의 능력에 의지하여 비오니, 어떤 사람도 당신에게서 달아나지 않게 하소서.' ('우리 주 예수 그리스도의 수난의 시간들'에서)

우리는 날 구원하기 위해 십자가에서 이토록 고난당하신 예수님을 사랑할 뿐만 아니라 한순간도 잊어서는 안 된다. 최악의 환경 속에서도 죽음 앞에서도 잊어서는 안 된다.

"예수 그리스도와
그가 십자가에 못 박히신 것 외에는
아무 것도 알지 아니하기로
작정하였음이라." (고전 2:2)

"내게는 우리 주 예수 그리스도의 십자가 외에
결코 자랑할 것이 없으니" (갈 6:14)

20. 날마다 하나님과 동행하라

계시록 19장 14절에 보면 백마 탄 자가 나온다. 백마 탄 자는 예수님과 하나가 된 자들이다.

또 좁은 길을 걷는 자도 예수님과 하나가 된 자들이다.

이처럼 백마 탄 자, 좁은 길을 걷는 자는 모두 예수님과 하나된 자들이다. 그런데 예수님과 하나 되기 위해서는 예수님과의 친밀한 사랑으로 동행해야 한다. 처음에는 동행으로 시작하다가 나중에는 하나가 되는 것이다.

만약 어떤 모르는 사람일지라도 함께 오랜 시간 길을 걷다 보면 서로 정이 들고 친밀해진다. 그 사람과 계속 동행하고 또 동행하고, 그 동행이 한 달, 일 년, 에녹처럼 계속 동행하다 보면 결국 서로 사랑으로 하나가 되는 것이다.

이처럼 주님과 함께 날마다 날마다 동행하다 보면 주님과 하나가 되는 것이다. 천국은 이같이 주님과 동행하여 하나가 된 자들이 들어가는 곳이다. 한 발은 주님 또 한 발은 세상, 이러면 천국 문 앞에서 쫓겨남을 당할 것이다.

주님과의 동행을 시작하라. 그 끝은 영생이요 영광이다.

예수님은 바닷가에서 고기 잡는 어부들에게 영생을 주기 위하여 동행을 원했을 때 그들은 배와 그물을 버려두고 주님과의 동행을 시작했다. 또 주님은 부자 청년에게 영생을 주기 위하여 동행을 원했지만 돈(재물) 때문에 주님과 동행하는 복을 누리지 못했다.

피조물이 창조주와 동행한다는 것은 쉬운 것이 아니며 죄악 덩어리 인생이 지극히 거룩하신 하나님과 동행한다는 것이 쉬운 것은 아니다. 그럼에도 불구하고 하나님께서 우리에게 동행을 원하시는 것은 우리에게 사랑을 주기 위함이요 영생을 주기 위함이요 천국을 주기 위함이다. 그리고 또 한 가지는 나를 하나님의 특별한 소유로 삼고자 함이다. 이것이 하나님의 사랑이요 은혜인 것이다. 그래서 주님과의 동행은 가장 큰 축복이요 가장 큰 행복이다.

에녹은 하나님과 300년 동안 동행하다가 어느 날 영생의 나라로 올라갔다. 주 예수님과의 동행은 영생으로 가는 행복한 시간이요 행복한 발걸음이다. 내 영혼의 아버지를 만나기 위한 행복한 시간이요 행복한 발걸음이며 유일한 비결이다.

"바울은 지금까지 세상의 어떠한 사람들보다
더 나와 가까이 동행했다."
(빛과 어둠의 영적전쟁, 211p)

"나와 동행한 영이 아니면 진주문 안으로 들어올 수도 없고 내 나라를 유업으로 받을 수가 없다. 그러므로 내 신부는 나와 마음이 합한 자가 되길 힘써라." (덮은 우물, 제시카 윤)

"네가 나와 진실한 사랑을 나누며 동행을 해야만 그리스도의 신부의 반열에 네가 설 수 있는 것이란다." (덮은 우물, 33)

"천국은 아무나 가는 곳이 아니니라. 나와 동행하는 자들이 누리는 곳이니라. 나와 동행하는 자만이 천국이 임한다고 전하라. 나와 동행하는 자들이 많지 않구나. 다윗처럼 나와 마음이 합한 자가 나와 동행하는 자니라." (김수정 집사)

21. 만민에게 복음을 전파하라

* 노아 : "오직 의를 전파하는 노아와 그 일곱 식구를 보존하시고" (벧후 2:5)
* 에녹 : "에녹이 이 사람들에 대하여도 예언하여 이르되 보라 주께서 그 수만의 거룩한 자와 함께 임하셨나니" (유 1:14)
* 제자들 : "그들이 날마다... 전도하기를 그치지 아니하니라" (행 5:42)
* 사도 요한 : 하나님의 말씀과 예수를 증언함 (계 1:9)
* 두 증인 : 두 증인 .. 그들이 예언하리라 (계 11:3)
* 첫째 부활 : 또 내가 보니 예수를 증언함과 (계 20:4)

노아, 에녹, 제자들, 사도 요한, 두 증인, 그리고 첫째 부활에 참여하게 될 사람들. 이들은 모두 예언하며 하나님의 뜻을 전했고 예수를 증언했던 사람들이다.

사도 바울은 '만일 복음을 전하지 아니하면 내게 화가 있을 것이로다.'라고 했다.(고전 9:16) 이는 사도 바울이 고린도 교회에 쓴 편지, 서신서이지만 사실 성경의 저자는 하나님이시기에 복음을 전하지 않으면 화가 있을 것임을 우리들에게 경고하고 있는 것이다.

'헤븐'이란 책에 보면 예수님께서 데이비드 E. 테일러 목사님에게 꿈에 찾아와 지옥을 보여 주시면서 전도의 중요성을 강조하셨는데 그 내용은 다음과 같다.

* 예수님께서 다시 내 꿈속으로 찾아오셨다. 이 방문에서 주님은 내게 지옥에서 타오르고 있는 불길을 보여 주셨다.

지옥의 불은 이 세상에서 볼 수 있는 불과는 전혀 다른 이상한 모습이었다. 게다가 지옥의 불에는 영원한 속성이 있었다. 이제껏 그런 불은 한 번도 본 적이 없었다.

그때 주님께서 말씀하셨다.

"이곳(지옥)에는 수많은 사람과 설교자가 와 있단다. 그들이 여기에 온 까닭은 나의 부르심에 응답하지 않았기 때문이다." 주님은 계속해서 말씀하셨다.

"만일 네가 나의 복음을 전파하지 않는다면 결국에는 너도 여기에 올 수밖에 없단다." (헤븐 52P)

하나님의 관심은 '영혼'에 있다.

잃어버린 영혼들, 죽어가는 영혼들, 낙심과 절망에 빠진 영혼들, 불쌍한 영혼들. 하나님을 알지 못한 영혼들. 그들에게 복음이 전파되기를 원하신다.

예수님도 이 세상에 전도하러 오셨다고 말씀하셨다.

예수님은 자나 깨나 영혼들을 살리기 위해 식사할 겨를도 없이 복음을 전하셨다. 예수님은 부활 승천하시기 전에도 제자들에게 명령하시기를 '온 천하에 다니며 만민에게 복음을 전하라.'고 하셨다.

예수님의 큰 사랑, 지극히 큰 구원의 은총을 받은 우리들이 전도하지 않는다면 예수님의 명령에 불순종하는 것이 된다.

우리는 하나님의 은혜에 감사하다고 말만 할 것이 아니라 하나님의 계명을 잘 지켜야 하며 예수님의 명령에 순종해야 한다. 특히 하나님의 부르심을 받은 주의 종이라면 반드시 복음을 전해야 한다. 주님 곧 오시는데 이 핑계, 저 핑계 대면서 복음을 전하지 않는다면 과연 예수님께서 뭐라 하시겠는가? 데이비드 E. 테일러 목사님의 꿈속에 찾아오셔서 예수님께서 하신 말씀을 명심해야 할 것이다.

"만일 네가 나의 복음을 전파하지 않는다면 결국에는 너도 여기(지옥)에 올 수밖에 없단다."

지금 이 시대, 특히 코로나로 인해서 수많은 영혼들이 예수님을 등지고 교회를 떠난 잃어버린 영혼들이 너무나 많다. 우리나라뿐만 아니라 가까운 일본(기독교인이 약 0.4%), 그리고 동남아, 그외 아시아 등등 너무나 많은 영혼들이 죽어가고 있다. 주님은 그들을 위해 십자가에서 죽으셨는데....

우리는 가까운 곳에서도 전도를 해야 할 것이고 더 나아가 할 수만 있다면 온 천하에 다니며 구주 예수님을 전해야 할 것이다. 시간이 없다. 시간이 너무 없다. 하루하루가 너무 빨리 지나간다. 추수할 곡식은 많은데 일군이 너무 적다. 주여! ~

우리는 더 이상 짖지 못하는 개처럼 침묵하면 안 된다.

앉아만 있으면 안 된다. 시간을 낭비하면 안 된다.

구원의 문이 닫히기 전에 어서 빨리 전해야 한다.

'주여! 내가 여기 있나이다. 나를 보내소서!'

하나님은 하고자 하는 자에게 힘을 주시고 문을 열어 주시고 도와주실 것이다. 하나님 아버지의 마음과 예수님의 십자가의 사랑과 성령님의 도우심을 힘입어 힘차게 복음을 전해야 할 것이다.

"지혜 있는 자는
궁창의 빛과 같이 빛날 것이요
많은 사람을 옳은 데로 돌아오게 한 자는
별과 같이 영원토록 빛나리라"
(다니엘 12:3)

* 전도의 면류관과 최권능 목사님의 천국 집

많은 면류관 중에서 특히 전도의 면류관을 볼 때 저는 숨이 멎을 것만 같았습니다. 면류관 상단 쪽에는 천사들이 나팔을 불고 있는 모양의 보석이 박혀 있었는데 보석의 화려함과 빛의 영광은 다른 면류관과 비교할 수 없었습니다.

예수 천국 불신 지옥을 외치셨던 최권능 목사님의 천국 집에 가게 되었을 때 수많은 성도들과 함께 잔치를 열며 즐거워하는 목사님의 모습을 보았는데 바로 그 빛나는 전도의 면류관을 쓰고 계셨습니다. 잔치에 청함을 받은 성도들 모두 목사님이 전도하신 성도들이라고 했는데 목사님에게서 한없는 사랑과 기쁨을 느낄 수 있었습니다. 목사님은 힘들고 어려운 환경 가운데서도 목숨을 걸고 전도하시다 순교하셨는데 천국의 집이 얼마나 크고 웅장한지 수백 층도 더 되는 고층 빌딩이었습니다.

(손에스더 전도사, 내가 본 하늘나라)

"생명 살리는 일에 전력을 두어라.
큰 상급과 칭찬을 받으리라.
전도하지 못하면 물질로 문서선교에 힘을 쓸지니라.
그리하면 큰 열매를 거두어 영광이 넘치리라."

(영광 극치의 천국, 우종만)

"예수의 일을 생각하는 자는 축복을 받으리라.
예수의 환난과 고난에 동참하는 일이니라.
그 나라와 그 의를 구하는 일이니라.
또한 하나님의 백성을 살리는 일이니라.
세계를 향한 선교 활동이니라. 하나님의 뜻이니라."

(지옥의 비밀, 134. 우종만)

22. 요한 계시록의 말씀을 전하라

지금 이 시대에 계시록의 말씀을 전하는 것은 하나님의 뜻이다. 때를 따라 양식을 나눠주는 지혜로운 하나님의 사람이다. 지금 이 시대를 분별할 줄 아는 깨어있는 주의 종이라면 마지막 때 성도들이 먹어야 할 양식을 나눠줄 것이다.

이런 이야기를 들은 적이 있다. 목회 약 10년 이상 했는데 계시록의 말씀을 두 번밖에 설교하지 못했다는 것이다. 만약 성도들이 마지막 때 종말론에 대한 말씀, 곧 계시록에 대한 지식이 없어 이단이나 거짓 선지자들에게 미혹되었다면 누구 책임이겠는가?

목회자 한 사람의 안일한 신앙과 깨어있지 못함으로 인하여 어느 날 갑자기 대 환난이 닥치고 주님 재림하시면 그 많은 양떼들은 어떻게 되겠는가? 하나님께서 누구를 더 책망하시겠는가? 간증을 들어보면 목회자 한 사람 때문에 지옥으로 떨어지는 영혼들이 무수하다는 것이다. 본인도 천국에 못들어가고 그 많은 성도들도 함께 지옥으로 끌고 가니 하나님 아버지의 마음이 어떠하시겠는가? 좌우를 분변하지 못하는 니느웨 백성들처럼 지금도 분별력이 없고 지식이 없어 망하는 자들이 참으로 많은데 어찌해야 한단 말인가?

하늘에서 지켜보고 계시는 아버지의 마음은 속이 타들어가는 심정일 것이다. 주의 종들이 마땅히 가르쳐야 할 천국 복음과 영원한 복음을 지금 이 시대에 가르쳐야 하는데 성도들에게 쑥물을 마시게 하므로 병들게 하는 목사님들도 있으니 참으로 안타까운 일이 아닐 수 없다.

어서 빨리 계시록에 눈을 떠야 한다.

계시록은 읽기만 해도 복이 있다고 하지 않았는가?

계시록을 풀기 어려우면 억지로 풀지 말고 하나님께서 가르쳐주시고 깨닫게 해주신 말씀이라도 가르쳐야 한다.

신천지처럼 계시록을 엉뚱하게 억지로 풀지 말고 그리고 인본주의 사상으로 해석하지 말고 하나님께 기도하면서 하나씩 풀어나가면 하나님께서 도와주실 것이다.

23. 열심을 내라 회개하라

"네가 열심을 내라 회개하라" (계 3:19)

라오디게아 교회는 현재 이 시대 교회를 말하고 있다.

예수님께서는 마지막 시대를 살아가고 있는 교회들이 어떻게 될 줄 알고 라오디게아 교회를 통해 말씀하고 있는 것이다.

예수님께서는 왜 열심을 내라고 하셨을까요?

그것은 바로 미지근한 신앙 때문이다.

미지근하니까 토하여 버리겠다고 하신 것이다.

예수님은 우리를 구원하기 위해 십자가에서 온갖 고난, 멸시, 천대, 핍박, 조롱, 그리고 말할 수 없는 육체의 고통을 당하시고 죽으심으로써 우리의 죄 문제를 해결해 주시고 구원을 베풀어주셨는데 이같이 큰 구원을 받은 자가 주님의 그 크신 사랑과 은총을 낭비하며 오히려 세상을 사랑하고 있으니 어찌 주님의 마음이 아프지 않겠는가? 십자가의 사랑을 알면서도 무감각하며 안일하고 하나님의 일을 태만히 하고 있으니 하나님께서는 토해버리고 싶은 것이다.

예수님께서 파우스티나에게 다음과 같이 미지근한 신앙에 대해 말씀하셨다.

"내가 내 마음의 비밀을 너에게 보여 주겠다. 내가 선택된 영혼들에게서 받는 고통은 이런 것들이다. 그렇게 많은 은총을 받은 이들, 선택된 영혼의 배은망덕이 내 마음이 매일 먹는 양식이다. 그들의 사랑은 미지근해서 내 마음은 그런 사랑을 견딜 수가 없다. 이런 영혼들은 나로 하여금 어쩔 수 없이 그들을 버리게 만든다." (성녀 파우스티나의 일기, 580번)

또 예수님께서 파우스티나에게 말씀하셨다.
"나는 수도원들과 성당들이 파괴되도록 내버려두겠다."
나는 대답했다. "예수님, 그렇지만 수도원 안에는 주님을 찬양하는 영혼들이 많이 있지 않습니까?"
주님께서 대답하셨다.
"그 찬양이 나의 마음에 상처를 준다. 왜냐하면 수도원 안에서 사랑이 사라져 버렸기 때문이다. 사랑과 봉사가 없는 영혼들, 이기주의와 자기애로 가득찬 영혼들, 겨우 자신의 생명을 유지할 수 있는 정도의 온기만을 가진 미적지근한 영혼들, 내 마음은 이런 것들을 견딜 수가 없다.... 이 세상이 지은 큰 죄들은 나의 마음에 표피적인 상처를 주지만, 선택된 영혼들의 죄는 내 마음을 꿰뚫어 찌르고 또 찌른다." (성녀 파우스티나의 일기, 1702번)

이처럼 미지근한 신앙은 주님으로부터 버림받을 수 있다는 것을 알고 열심을 내야 할 것이다.

지금 이 시대 사람들은 부요한 삶을 누리고 있다. 그러나 영적으로는 곤고하고 가련하고 가난하고 눈 멀고 벌거벗은 것을 알지 못한다는 것이다.

'나는 택함 받은 사람이요. 나는 주의 종이요. 하나님이 나를 사랑하신다.'라고 스스로 생각하면서 현실에 매여 분주하게 살기는 하지만 영적으로는 안일하며 태만하며 오류에 빠져 헤어나오지 못하며 '주님의 기쁨'하고는 거리가 먼 미지근한 삶을 살고 있는 사람들이 많다.

반면에 깨어있는 어떤 사람들은 주님 곧 만날 것을 고대하면서 오늘은 이곳, 내일은 저곳을 다니면서 복음을 전하기도 하고 또 주님이 주신 사명을 위해 죽도록 충성을 다하고 있다.

"네가 열심을 내라 회개하라" (계 3:19)
여기에서 '열심'의 뜻을 살펴보면 다음과 같다.
[열심]
- 히브리어(카나) : 시기날 정도로 부지런함.
　　　　　　　　　분노를 일으킬 정도로 집중하는 것.
- 헬라어 : 삶다. 끓이다. 뜨겁다. 마음에 불이 탄다. 의욕적인 열정. 불타는 열심. 광신적인, 열광적인 행동

마가복음 3장 20절에 보면 예수님은 식사할 겨를도 없으셨다고 하였다. 잃어버린 한 영혼이라도 더 살리고 싶어서 밤에는 산에서 기도하시고 낮에는 천국복음을 열심히 전하신 것이다.

예수님을 본받은 제자들도 나중에 열심히 전도를 했는데 그들이 그토록 뜨거운 열정을 가지고 복음을 전할 수 있었던 것은 바로 마가 다락방에서 불같은 성령을 받았기 때문이다.

"오직 성령이 너희에게 임하시면 너희가 권능을 받고... 내 증인이 되리라." (행 1:8) (행 2:1-4)

이처럼 성령의 능력, 하늘의 권능이 임하니까 게으름과 안일함과 미지근함을 발로 짓밟고 일어나서 불타는 열정으로 복음을 전하게 된 것이다. 인간의 힘과 열심은 한계에 부딪힐 수 있다. 성령의 권능, 성령의 기름부으심, 성령의 불세례를 받으면 불타는 열정으로 주의 일을 할 수 있는 것이다.

그 다음은 '회개하라'고 말씀하셨다.

인간은 모두 죄인이다. 그 누구도 죄 없는 사람이 없다. 단지 자기 죄를 모를 뿐이며 깨닫지 못한 것뿐이다.

그러므로 늘 자신을 돌아보면서 회개하는 시간을 가져야 한다. 죄인에게 가장 필요한 것은 돈이 아니라 회개이다. 그런데 사람들은 회개보다는 돈(물질)에 눈이 멀어 있다.

어느 목사님은 아주 강도 높게 글을 썼는데 기독교인들 거의 대부분이 지옥에 갈 것이라고 했다. 왜냐하면 회개를 하지 않았거나 회개의 분량을 채우지 못했기 때문이라고 했다.

어느 전도사님은 천국 체험을 했는데 수많은 사람들이 천국문 앞에 기다리고 있었지만 천국문 안으로 들어간 사람은 두 사람밖에 없었다고 한다. 그 외에도 많은 간증들이 있는데 공통점은 천국에 들어가는 숫자가 소수의 무리들이라는 것이다.

왜 그럴까? 답은 한 가지이다.

그들이 오랜 세월 동안 교회를 다녔지만 변화되지 못하고 온전한 회개를 하지 못했기 때문이다. 선한 일을 얼마나 많이 했느냐가 중요한 것이 아니라 '회개했느냐 안 했느냐'에 따라서 천국과 지옥이 결정되는 것이다. 인간의 영원한 운명이 결정되는 것이다.

형식적인 회개, 건성으로 하는 회개, 반쪽짜리 회개, 변화가 없는 회개. 이러한 회개는 진정한 회개가 아니므로 심판을 받는다. 하나님은 천년만년 기다리시지 않는다. 회개도 다 때가 있다. 문이 닫히면 더 이상 기회가 없다. 기회가 있을 때 회개해야 한다. 그러므로 회개가 살 길이다.

회개는 복중에 복이다. 회개는 하나님으로부터 만가지 축복을 받는 비결이 된다. 회개할 때 천국문이 열리고 회개할 때 아름답게 변화가 되고 회개할 때 하늘의 은총이 임한다.

하나님께서 어느 목사님에게 "회개하면 지위를 막론하고 하나님이 원하시는 레벨 안으로 들어올 수 있다. 하나님의 품 안으로 들어올 수 있다."라고 하셨다.

24. 인침, 인내, 인격을 이루라

요한 계시록에서 중요한 주제는 많이 있지만 그 중에 세 가지는 인침, 인내, 인격을 이루는 것이다.

인침 받는 것은 참으로 중요하다. 왜냐하면 환난 때 황충재앙 (계9장)을 받지 아니하고 하나님의 보호하심을 받을 수 있기 때문이다. 그리고 짐승의 표를 받지 않도록 하나님께서 도와주시기 때문이다.

"우리가 우리 하나님의 종들의 이마에 인치기까지 땅이나 바다나 나무들을 해하지 말라." (계 7:3)

만약 하나님의 종들이 '하나님의 인'을 받지 못하면 '사탄의 인'을 받게 될 것이다. 이것은 매우 중요하므로 반드시 이 시대에 '하나님의 인'을 받아야 한다.

서사라 목사님이 쓴 '하나님의 인'이라는 책을 읽어보면 많은 도움이 될 것이다.

범사에 기한이 있고 때가 있듯이 하나님의 인침을 받는 것도 때가 있을 것이다. 우리는 그때를 정확히 알 수 없기에 지금 당장이라도 인침 받기 위해 힘써야 할 것이다. 때를 놓치면 받고 싶어도 못 받을 것이다.

인침 받는 것이 생소하게 들리고 또 자기가 인침 받았는지도 모른다면 아마도 당신은 영적으로 잠자고 있는지도 모릅니다. 어서속히 깨어나야 합니다.

어느 선교사님이 꿈을 꾸었는데 그 내용은 다음과 같습니다.

"짐승 정부 사람들이 각 마을에 나타나서 마을 사람들을 한 줄로 세워놓고 기계로 짐승의 표를 찍기 시작했습니다. 제 차례가 되어 내게도 찍으려 하다가 영적으로 '하나님의 인'을 받은 것을 알고 그들이 하는 말이 '당신은 이미 하나님의 인을 영적으로 받은 사람이기에 이 표는 안 받아도 됩니다.' 하면서 통과시켜 주는 것이었습니다. 마귀 자녀들도 성령의 사람을 알아보는 것 같습니다."

그러므로 하나님의 인을 받는 것, 인침을 받는 것은 매우 중요하므로 관심을 가져야 할 뿐만 아니라 계시록에 대하여 영적인 눈이 떠져야 할 것이다. 더 이상 안일한 생각만 하다가 뒤늦게 후회하는 미련한 다섯 처녀와 같은 사람이 되어서는 안 될 것이다.

"마지막 때 하나님의 인 맞은 종은 우상을 이기는 자들이니라."
(영광스런 대한민국, 우종만)
 - 자아 우상, 금 우상 (돈, 물질), 기타 등등

그리고 계시록에서 또한 중요한 것은 '인내'이다.
성도가 구원을 받는 것은 교회에서 예배만 드렸다고 해서 되는 게 아니라 끝까지 믿음을 잘 지켜야 한다.
"끝까지 견디는 자는 구원을 얻으리라."(마 24:13)
"성도들의 인내와 믿음이 여기 있느니라." (계 13:10)
"성도들의 인내가 여기 있나니 그들은 하나님의 계명과 예수에 대한 믿음을 지키는 자니라." (계 14:12)
이처럼 신앙생활을 아무리 오랫동안 했을지라도 마지막에 인내하지 못하여 믿음을 져버리면 결국 구원에 이르지 못하는 불쌍한 인생이 되고 만다. 마지막 순간에 믿음을 지키지 못하여 예수님을 배신하면 결국 지옥으로 떨어진다는 것을 알고 더욱 기도에 힘써야 할 것이다.

그리고 인격을 이루는 것이 중요하다.

예수님의 신부로서의 인격이다.

예수님의 신부가 되기 위해서는 반드시 예수님의 성품을 닮는 인격을 갖추어야 한다. 그 인격은 '옳은 행실'로 드러나야 한다. (계 19:8) 옳은 행실이 없으면 그 누구도 예수님의 신부가 될 수 없다.

옳은 행실 그것은 의로운 행실이다.

인간의 의는 더럽고 냄새가 난다. 오직 예수님의 피로 죄씻음 받아 정결하게 되어야 한다.

그리고 예수님의 신부로서의 인격은 하나님의 온전하심과 같이 온전한 인격이어야 한다. 하나님의 거룩하심 같이 거룩한 행실, 거룩한 인격을 갖추어야 한다.

흠과 티가 없는 인격을 갖추어야 한다.

아직도 교만하고 화를 내며 신경질 부리고 세상을 사랑하고 음란하고 술도 끊지 못하고 있다면 하나님께서 원하시는 인격을 이루기까지 몸부림쳐야 할 것이다.

예수님의 신부는 왕권이다. 그냥 백성이 아니다.

그런데 하나님께서 인격도 갖추지 못한 자에게 왕권을 주시겠는가?

신부의 인격은 하루아침에 이루어지지 않는다.
영육간에 훈련을 받아야 인격을 이룰 수 있다.

"그가 나를 단련하신 후에는
내가 순금 같이 되어 나오리라." (욥 23:10)

"모든 죄와 상관이 없는 거룩한 인격이 될 때에 신부가 될 수 있
는 것이다." (흠 없는 영적 신부의 인격, 249p)

"흠과 티가 없는 인격은 주님이 주시는 것이다. 너희가 주님의
신부가 되려면 성화의 단계에 들어가고 성결의 단계에 들어가야
되느니라. 그러기 위해서는 고난에 동참해야 되고 주님의 영광을
위하여 모든 것을 다 바쳐서 충성할 수 있는 이들이 되어야 하느니
라."   (흠 없는 영적 신부들의 인격, 148p)

25. 미혹되지 말라 (1)

마태복음 24장에서 제자들의 질문에 예수님께서 가장 먼저 말씀하신 것이 바로 사람에게 미혹되지 말라는 것이었다. 그만큼 마지막 때에는 사람들에게 미혹되기 쉽다는 것이다. 만약 미혹이 되면 영적으로 엄청난 손해를 입게 될 뿐만 아니라 하나님의 은혜에서 떨어지게 되기도 하고 잘못하면 구원을 잃어버릴 수도 있다.

어느 책을 통해 하나님께서는 '성도들이 미혹되면 양이 염소가 된다.'고 말씀하셨다. 성경에서 염소는 영벌에 처하게 되는 심판을 받게 된다. 그러므로 성도가 미혹되고 안 되는 것은 매우 중요하다.

우리 주변에 많은 성도들이 이단 사이비에 빠져 있는 것을 볼 수 있다. 분별력이 없어서 그들의 유혹에 미혹된 것이다. 이단의 가르침에는 독소가 들어 있기에 그들의 가르침에 빠지면 독을 먹게 되어 결국 영적으로 서서히 죽게 되는 것이다. 이단뿐만 아니라 거짓 목자, 거짓 선지자들에게도 많이 미혹되고 있으니 본인 스스로 정신을 차리지 않으면 빠져나오기 어렵다. 그러므로 이 마지막 때에는 참 종을 만나야 하며 참 선지자를 만나야 한다. 참 진리 하늘 생명수를 먹이는 주의 종을 만나는 것이 큰 복이다.

어느 분이 하나님께 기도하여 응답받은 것을 영상으로 제작하여 유튜브에 올렸는데 그 내용은 한국 교회 강단을 미혹의 영으로 덮어버린 모습을 하나님께서 환상으로 보여 주셨다는 것이다. 그러면서 주님께서 말씀하시기를 "네가 처음에 맡았던 역한 냄새는 살아있고 깨어 있는 네가 맡는 미혹의 더러운 냄새였다. 허나 지금 네가 맡은 향기로운 냄새는 미혹된 자들이 맡는 냄새이다. 같은 냄새이나 다르게 맡아지는 것이다. 너무 달콤하기 때문에 미혹에서 벗어날 수 없는 것이다.”

이어서 하나님께서 환상으로 보여 주셨는데 ‘역한 냄새가 뿌연 연기에 더러운 냄새가 가득했다. 깨끗한 공기를 마실 수 있는 공기는 없었다. 그 후 주님께서 지구를 보여 주셨는데 마치 황사가 덮고 있듯 지구 전체를 덮고 있었다. 그중에 깨끗한 공기를 마실 수 있는 장소는 몇 되지 않았다’고 한다.

한국 교회뿐만 아니라 온 세상이 사탄의 미혹의 영으로 덮여 있고 주님 보시기에 더럽고 역한 냄새로 가득하다니 주여! ~ 어느 분도 예언하며 말하기를 한국 교회가 약 90% 미혹되었다는 것이다. 정말 큰일이다. 갈수록 더럽고 역겨운 냄새가 온 땅을 덮을 텐데 지금이라도 깨어 있어야 한다. 무엇이 진리이고 비진리인지 깨달아야 한다. 거짓에 미혹되면 안 된다.

설교자의 말보다 하나님의 말씀에 아멘 해야 하며 주님을 따라가야 한다. 우리 교회 목사님 말이라면 무조건 믿고 따라가는 어리석은 양이 되어서는 안 된다. 주님의 음성을 들어야 한다. 그래야 생명을 얻을 수 있다. 그래야 살 수 있다.

아담과 하와가 선악과를 먹은 것은 사탄의 달콤한 유혹에 미혹되었기 때문이다. 앞으로 제 2선악과인 666도 사탄의 달콤한 유혹에 수많은 사람들이 미혹되어 짐승의 표를 받을 것이다. 선악과도 실제적인 것이며 짐승의 표도 실제적인 것이다. 이것은 너무 중요하기 때문에 하나님께서는 주의 종들을 통해 '짐승의 표는 칩이다.' 이렇게 정확하게 미리 말씀해 주셨다. 정답을 가르쳐주신 것이다. 그런데도 하늘의 음성을 듣지 아니하고 인간의 지식으로 가르치고 있는 사람들이 있으니 참으로 안타까운 일이다. 우리는 절대로 미혹되면 안 된다.

미혹의 핵심은 비진리를 진리라고 가르치는 것이다.
그럼 누가 비진리를 가르치는가?
성령 받지 못한 주의 종들이다. 물과 성령으로 거듭나지 못한 주의 종들이다. 거듭났다고 할지라도 변질된 자들이다. 인본주의, 공산주의 사상을 가지고 목회하는 주의 종들이다. 그 외 잘못된 사상과 신앙을 가진 자들이 비진리를 가르치는 것이다. 미혹의 뿌리는 사탄이요 마귀이다. 사탄은 주의 종들에게 신본주의가 아닌 인본주의 사상을 심어주므로 진리의 말씀을 인간의 지식과 학문, 인간의 생각으로 해석하게 만든다. 결국 이러한 인본주의 사상을 가진 목사가 설교하면 분별력이 없는 성도들은 거기에 자신도 모르게 마음과 정신이 흐려지고 홀리게 되는데 이것이 미혹이다.
이렇게 미혹되면 자기 목사님의 설교가 최고인 것처럼 착각하기에 거기에서 헤어나오기가 어려운 것이다. 이미 그 달콤한 맛에 젖어 들었기에 그곳에서 나오기가 어려운 것이다. 그러나 하나님의 참된 백성, 하나님을 진실로 사랑하는 자들과 지혜로운 자들은 하나님의 음성을 듣고 선한 목자 되신 예수님을 따라가게 될 것이다. 그리고 그 끝은 영원한 천국이다.

* 미혹의 종류

1) 신본주의가 아닌 인본주의 설교
2) 잘못된 구원론과 종말론
3) 하나님보다 다른 것을 더 의지하게 하는 것
4) 짐승의 표 666 (제 2선악과)을 받는 것
   - 경기도 어느 교회에서는 목사님이 성도들에게 '하나님
     이 주신 선물'이라면서 '칩'을 받게 했다고 한다.
5) 그 외 구원에 이르지 못하도록 하는 잘못된 믿음이나 설교나
   사상들이다.

   사탄은 모든 거짓과 가짜로 사람들을 미혹하여 범죄 타락하게
하여 지옥으로 끌고 간다. 그러므로 사탄의 거짓 속임수에 넘어가
면 안 된다. 잘 분별하고 또 분별해야 한다.

   * "너 용암 속으로 들어간다. 저 미혹된 무리들이 모두 용암 속
으로 들어갈 것이니라." (예수님께서 어느 분에게 환상으로 지옥
의 용암을 보여 주시면서 하신 말씀)

26. 미혹되지 말라 (2)

이 마지막 시대에 전 세계 나라들이 미혹되는 일이 있을 것이라고 계시록 18:23절에 기록되어 있다. 그것은 바로 '복술'이다.

"너의 상인들은 땅의 왕족들이라 네 복술로 말미암아 만국이 미혹되었도다." (계 18:23)

그렇다면 여기서 '복술'은 무엇인가?

복술은 헬라어로 '파마케이아'이다. 이는 약물, 마약, 백신을 의미한다.

우리는 여기서 100년 전 루돌프 슈타이너(1861-1925)가 남긴 말을 생각해 볼 필요가 있다.

"미래에 인간의 영혼은 의학에 의해 제거될 것이다.

건강을 가장하여 인간이 영혼에 대한 인식을 발전시킬 수 없도록 인간 유기체를 가능한 한 빨리, 어쩌면 태어나자마자 직접 주입하는 백신이 있을 것이다.

물질주의적 의사들에게 인간으로부터 영혼을 제거하는 작업이 맡겨지게 될 것이다. 오늘날 사람들은 특정 질병에 대해 백신접종을 받고 있기 때문에, 앞으로 아이들은 영적인 삶이라는 미친 행동(또는 정신이상)에 면역이 되는 물질로 백신 접종을 받게 될 것이다. 백신 접종을 받은 사람은 매우 영리할 수 있지만 양심을 발전시키지는 못할 것이다. 이것이 일부 물질주의(유물론)적 집단의 진정한 목표이다.

그러한 백신을 사용하면, 여러분의 물리적 육체로부터 에테르체(인간 에너지 장 : 에테르, 아스트랄 및 인과 관계의 세 가지 에너지 시스템 중 하나를 의미)가 분리될 수 있다.

이 에테르체가 분리될 때, 인간의 영혼과 우주와의 관계는 극도로 불안정해지고 인간은 로봇 같은 사람이 된다. 왜냐하면, 인간은 육체의 의지와 영적 노력으로 이 지구에서 연마되어야 하기 때문이다. 그래서 백신은 인간의 의식을 물질에 고정시키는 일종의 힘이 된다. 인간은 더 이상 물질주의적 감정을 없앨 수 없다. 그것은 인간이 체질적으로 동물로 변해 더 이상 영적인 양심의 자극을 받을 수 없게 되는 것이다."

그리고 하나님께서 1995년도에 출판된 '요한 계시록' 책을 통해서 하신 말씀을 기억해야 할 것이다.

"앞으로 모든 인간은 용과 짐승에게 경배하는 시대가 오니 생명책에 녹명되지 못한 자는 다 짐승의 밥이 된다. 짐승은 세계를 짐승의 나라로 만들려고 세뇌교육을 시키되 정신사상과 또한 약물로 인간짐승을 만드니 그들이 시키는 대로 하는 노예에 불과한 인간들을 생산하는 공장을 만든다....

앞으로 세계는 인간을 타락시키는 약물 복용을 전 인류가 사용함으로 스스로 죽음을 자처하는 시대가 올 것이다."

전 인류가 약물 복용을 사용한 것은 이번 코로나 팬데믹 기간이었던 것 같다.

지금도 세계 곳곳에서는 다른 약물, 마약이 급속히 번지고 있음을 뉴스를 통해 잘 알고 있다.

이처럼 복술(약물,마약,백신 등)로 인하여 전 세계 많은 사람들이 미혹되어 가고 있다. 인간을 병들게 하고 죽게 하고 타락시키는 이러한 약물을 우리 기독교인들은 그 정체를 알고 미혹되지 않도록 해야 할 것이다.

[우리가 백신을 맞아서는 안 되는 이유]

1. 하나님께서 맞지 말라고 하셨기 때문이다.
- "백신은 위험하다. 눈에 보이지 않는 좀이 나무를 갉아 먹어 그 나무가 서서히 죽어감 같이 백신도 마찬가지이다. 모든 사람들의 건강이 서서히 나빠져 갈 것이다. 너희들은 절대로 백신을 맞아서는 안 된다. 백신을 맞은 소나 돼지 등 육고기를 먹어도 사람의 건강을 해치고 있다. 백신에는 사람들의 건강을 서서히 해치는 악한 물질이 들어 있다." (어느 목사님, 2012년)

2. 더럽고 가증한 성분이 들어 있기 때문이다.
- 백신은 더러운 '돼지 세포'와 가증한 물질인 '낙태된 아기의 조직 세포' 그리고 기타 부정한 물질들을 사용하기 때문이다.

3. 나노 그래핀이 들어 있기 때문이다.
- 안드레아스 노악 박사에 의하면 mRNA 백신에는 나노 크기의 그래핀 수산화물이 들어 있다는 것이다. 또 스페인 연구팀은

OOO 백신 성분의 99%가 나노 그래핀이라고 발표하기도 했다. 그래핀 옥사이드의 발명가는 '백신이 당신을 죽일 것'이라고 했다.

4. 인간의 DNA를 변형시키는 성분이 들어 있기 때문이다.

- 코로나 백신에는 인간의 DNA를 변형시키는 성분이 들어 있다는 많은 정보와 자료들이 있으며 경고하고 있다.

그러나 우리는 어떤 회사에서 만든 백신 속에 이러한 성분이 들어 있는지 잘 모른다. 또한 모든 백신 속에 다 들어있지는 않을 것이라고 생각한다.

아무튼 중요한 것은 백신 속에 인간의 DNA를 변형시키는 성분이 들어 있다면 절대로 맞아서는 안 된다는 것이다.

5. 백신에는 독성 물질이 들어 있기 때문이다.

- 일본 후나세 슌스케는 백신에 대해 많은 연구를 했는데 '백신은 아이들 몸속에 병과 암의 발생을 촉진하는 시한폭탄을 넣어 주는 것'이라고 했으며 또 '백신에는 100종이나 되는 유해 성분을 포함하고 있는데 알맹이는 독물 엑기스다.'라고 했다.

6. 우리 몸속에 있지 말아야 할 단백질 때문이다.

- 메릭 박사는 이렇게 말했다.

"우리는 백신에 대해 많은 것을 알지 못한다. 그러나 확실한 것은 백신이 우리 몸에 있지 말아야 할 단백질을 만들어 낸다는 것이다."

7. 그 외 수많은 부작용 때문이다.

- TV나 언론매체를 통해서도 잘 알고 있지만 알려지지 않은 것까지 합치면 백신의 부작용은 너무나 심각하다. 결국 그 부작용으로 인해 사망에 이르게 된다는 것이다.

그러므로 '복술'로 인하여 인간들을 미혹하여 병들게 하고 죽음에 이르게 하는 사탄의 전략에 넘어가지 말고 잘 분별하여 자신을 지켜야 할 것이다.

* 2023년 8월 18일 새벽에 꿈을 꾸었다.
어떤 '사용 설명서'를 읽어 보았는데 거기에 이런 글이 적혀 있었다. '여기에 어떤 성분이 들어 있는데 이 약물을 복용하면 나와 상관이 없는 자이다.'

27. 짐승의 표 666을 받지 말라

마지막 시대에 너무나 중요한 것은 짐승의 표를 받지 않는 것이다. 왜냐하면 한번 짐승의 표를 받으면 세세토록 밤낮 쉬지 못하고 불과 유황으로 고난을 받기 때문이다.(계 14:10-11)

그렇다면 무엇이 짐승의 표 666인가?

짐승의 표란 짐승 곧 마귀 사탄이 주는 표다.

마귀 사탄이 표를 어떻게 준다는 것인가? 사람 눈에 보이지도 않는 사탄이 어떻게 표를 준다는 말인가? 그것은 바로 사람으로 하여금 '우상'을 숭배하게 하는 것이다. 그래서 우상을 숭배한 자가 회개하지 않고 죽으면 그들의 이마에 자동으로 666이 찍히는 것이다.

콜롬비아 청년 루페의 지옥 간증을 보면 꽤 오래전에 죽은 사람이 지옥에 떨어져서 고통을 받고 있는데 그 이마에 666이 새겨져 있다는 것이다. 그 사람에게는 술이 우상이 되었던 것이다. 이처럼 우상숭배는 666이 되는 것이다.

하나님께서 우종만 목사님의 책을 통해서 "우상숭배가 666이니라. 666은 우상숭배를 통하여 모든 표를 받게 하니 절하지 아니하면 죽임을 당하느니라."라고 말씀하셨다.

그러면서 화폐 대신 사용하는 전자화폐도 666이라고 하셨다. 이는 곧 매매기능이 있는 전자칩, 베리칩을 말한다.

서사라 목사님은 천국에 올라가서 예수님께 베리칩에 대해 질문했을 때 예수님께서는 종이에 다음과 같이 쓰셨다.

"이제도 있고 전에도 있었고 장차 올 자가 말하노라.

베리칩은 666이니라."

그리고 예수님은 송명희의 '표'라는 책을 통해 '칩'은 곧 표. 짐승의 표임을 알려주신 것이다.

하나님은 또 서미영 목사님에게 "너희의 몸은 나의 몸이다. 내 몸에다 그 어떤 칩도 꽂을 수 없다."라고 말씀하셨다. 그리고 '영계의 신비와 대환난'이란 책을 통해서도 "칩은 절대 사지 마라. 칩이 멸망의 길로 이어질 것이다. 이 칩은 한순간에 지옥으로 가게 하는 도구이다. 어떤 사람이 나를 잘 믿더라도 칩을 받으면 그는 지옥에 갈 수밖에 없다."라고 말씀하셨다.

이로 보건대 매매기능이 있는 전자화폐(베리칩)는 666임을 알 수 있다. 이 칩은 그 받은 사람에게 우상이 된다. 최첨단 기술이 집약된 칩, 모든 정보가 들어 있는 칩, 이러한 것은 기계나 전자제품, 동물에게 심어야 하는데 사람의 손이나 이마에 심게 하는 것은 사탄의 음모라는 것을 알아야 한다.

사람이 만약 이 칩을 몸에 심으면 지금 당장은 아니더라도 나중에 기계처럼 조종과 감시와 통제를 받게 된다는 것을 알아야 한다. 사탄의 노예가 되는 것이다.

이 칩이 좋아서 이것만 있으면 너무 편리하고 안전하고 매매도 가능하고 모든 것을 할 수 있다고 생각하기에 그 사람에게 우상이 되는 것이다. 식량이 부족하여 먹을 것이 없는 대환난 때에 하나님을 의지하기보다는 칩만 받으면 식량을 구할 수 있고 내가 살 수 있다는 생각을 하면서 하나님을 의지하기보다는 인간의 기술로 만든 칩을 의지하기 때문에 우상이 되는 것이다. (광야 40년 동안 하나님께서는 하늘 양식, 만나로 이스라엘 백성들을 먹이셨다)

그러므로 짐승의 표를 안 받기 위해서는 하나님께 인정받는 신앙생활을 하여 하나님의 인을 받아야 한다. 그리고 짐승의 표를 안 받기 위해서는 내게 그 어떤 우상이 없어야 한다.

"너희 자신을 지켜 우상에게서 멀리하라."(요일5:21)

이처럼 짐승의 표 666에 대해서 하나님께서 분명하게 말씀하셨는데 지금은 대환난 시대가 아니니까 받아도 된다는 거짓 선지자의 가르침에 미혹되면 안 된다.

또 666은 실제가 아니라 상징이니까 받아도 된다는 거짓에 속지 않아야 한다. 또 신천지처럼 666을 억지로 푸는 자들이 있다면 거기에 속으면 안 된다.

신천지는 '이마에 표를 받는 것은 짐승의 교법으로 안수받는 것을 뜻하고, 오른손에 표를 받는 것은 짐승의 교리를 인정함을 오른손을 들어 선서하는 것'이라고 한다.

진리는 단순하고 정확하다.

하나님께서는 내가 죽느냐? 사느냐? 천국이냐? 지옥이냐? 너무나 중요한 문제를 신천지처럼 상징적으로 애매모호하게 말씀하시지 않는다. 신천지뿐만 아니라 666을 상징이라고 가르치는 교회가 있다면 한번 깊이 생각해 봐야 한다.

666이 상징이라면 목사님들의 생각이 각각 다르고 해석이 다를 수밖에 없다. 신천지처럼 자기 생각대로 상징이라 하면서 해석을 달리하게 되는 것이다. 그러면 성도들은 혼동을 하게 된다. 결국 성도들은 분별력을 잃고 성경 말씀보다는 자기 담임 목사님 말만 믿고 따라가게 되는 것이다.

하나님께서 에덴동산에서 선악과를 먹지 말라고 한 것도 실제적인 것이지 결코 상징이 아니다.

666도 상징이 아니라 영적인 의미가 있을 뿐 실제적인 것이다. 내 몸(오른손,이마)에 절대로 '칩'을 받으면 안 된다.

666의 영적인 의미를 크게 두 가지로 나눌 수 있는데 그것은 바로 우상숭배와 인본주의이다.

하나님께서 우종만 목사님을 통해 우상숭배가 666임을 자세히 설명해 주셨고 또 제시카 윤 목사님을 통해 666은 인본주의에 근거한 것이라고 말씀하셨다. (봉한샘, 77. 제시카 윤)

"아담과 하와가 여섯째 날에 창조되지 않았느냐? 존귀에 처하나 깨닫지 못하는 사람은 멸망하는 짐승과 같으니라. 짐승의 수가 여섯을 세 개 나란히 배열한 숫자이다. 그 수는 철저한 인본주의에 근거한 사람의 수니 육백육십육이니라. 마귀가 내 아버지 하나님을 모방한 마귀 삼위일체의 숫자이다."

그리고 칩도 다양하다. 수많은 칩이 있다.

그러나 중요한 것은 내 몸이 하나님의 성전이기에 내 몸에다 인간의 첨단 기술로 만든 전자칩을 넣는다는 것은 상식적으로 생각해도 안 되는 것이다.

어떤 유명한 목사는 말하기를 지금은 대 환난 때가 아니니까 칩을 받아도 신경 쓸 필요가 없다고 설교하는 것을 들었다. 결코 아니다. 하나님의 성전인 내 몸에 어떤 칩도 넣으면 안 된다. 결코 거짓에 속으면 안 된다. 미혹되면 안 된다.

편리하고 안전하다는 사탄의 거짓에 속으면 안 된다. 매매기능
이 있는 전자화폐 칩을 받으면 당연히 안 되는데 유전자 조작 칩
도 있다고 한다.

'유전자 조작 기능이 탑재된 베리칩에 컴퓨터가 명령을 내리면
이성적인 판단을 내리는 뇌세포를 파괴하도록 유전자를 변형시켜
사람들을 좀비로 만들거나, 혹은 뇌에서 종교성을 담당하는 뇌세
포를 파괴하도록 유전자를 조작함으로 칩을 이식 받은 사람들이
아예 하나님을 믿지 못하게 할 수도 있다는 것이다.. 아예 구원이
나 하나님의 존재 자체를 인식하지 못하는 좀비와 같은 인간이 될
수도 있다는 뜻이다.' (인터넷 발췌)

그러므로 우리는 하나님의 형상대로 지음을 받았고 내 몸은 하
나님의 성전이기에 그 어떤 칩도 넣으면 안 된다. 사탄은 이런 칩
을 인간의 몸에 넣어서 하나님을 인식하지 못하게 하고 하나님의
형상을 지워버리게 하는 것이다. 결국 인간을 사탄의 소유물로 만
들어서 지옥으로 끌고 가려는 것이다. 절대 속으면 안 된다.

[하나님의 뜻과 사탄의 미혹]

* 선악과 – "먹지 말라. 먹는 날에는 반드시 죽으리라"
　　　　(창 2:17)　---　(하나님의 뜻)

"너희가 결코 죽지 아니하리라. 먹는 날에는 너희 눈이 밝아져 하나님과 같이 되어 선악을 알 줄 하나님이 아심이니라." (창 3:4-5) --- (사탄의 미혹)

* 짐승의 표 666 - "짐승의 표를 받으면 하나님의 진노의 포도주를 마시게 되고 불과 유황으로 고난을 받되 세세토록 밤낮 쉼을 얻지 못하리라." (계 14:9-11) --- (하나님의 뜻)
"666은 상징이니까 받아도 상관 없다.
하나님은 사랑의 하나님이니까 이 칩(표)을 받아도 괜찮다. 이 칩은 너무 편리하고 안전하며 물건도 살 수 있다. 정부의 방침이니 따라야 한다." --- (사탄의 미혹)

[짐승의 표 666을 안 받는 비결]

예수님께서 어느 목사님을 통해 대 환난 때에 일어날 것을 환상으로 보여 주시면서 말씀하시기를 "대 환난 곧 짐승의 통치 기간에는 666이 자동으로 찍히느니라. 그래서 평소에 하나님의 인으로 충만해야 할 것이다. 성령의 인으로 충만해야 666 표가 사람의 손이나 이마에 들어가지 못하리라."라고 하셨다.

짐승의 표를 받으면 지옥으로 떨어진다는 것을 알고 있는 사람에게 대 환난 때 666이 자동으로 찍힌다면 얼마나 억울하고 비통하겠는가? 생각만 해도 너무 끔찍한 일이다. 그런데 이러한 일이 실제로 벌어진다고 하니 이러한 사실을 안다면 하루속히 깨어 있는 삶을 살면서 준비해야 할 것이다.

그러면 짐승의 표 666을 안 받기 위해서

1. 성령으로 충만한 삶을 살아야 한다.
2. 하나님의 인침을 받아야 한다. (하나님의 보호를 받음)
3. 순교 신앙으로 무장해야 한다.
4. 우상은 다 버려야 한다.
   - 내 자아, 내 자녀, 내 목숨이 우상이 되면 안 된다.
5. 끝까지 인내해야 한다.
   - 끝까지 견디는 자는 구원 받는다. (마 24:13)
6. 하나님만 의지하는 믿음을 가져야 한다.
7. 말씀에 대한 확신과 천국에 대한 소망을 잃어버리면 안 된다.

* 일론 머스크 - "최초로 인간 뇌에 칩 이식 성공"
(2024. 1. 30 YTN 뉴스)

28. 오직 성령의 충만함을 받으라!

세월을 아끼라 때가 악하니라
술 취하지 말라 이는 방탕한 것이니
오직 성령으로 충만함을 받으라 (엡 5:16,18)

지금 이 시대를 살아가면서 우리는 세월을 아껴야 한다는 것을 절실히 느끼고 있다. 깨어 있는 사람일수록 시간을 낭비하지 않으려고 날마다 충성을 다하고 있을 것이다.

예수님은 파우스티나에게 "은총을 낭비하는 자는 탄식하게 되리라."라고 말씀하셨다. 우리는 빚진 자로서 하나님께서 주신 귀한 은총을 낭비하면 안 된다.

하나님께서 주신 귀한 선물인 '시간'을 내 꿈과 야망을 위해 살 것이 아니라 사도 바울처럼 위에서 부르신 부름의 상을 위하여 달려가야 할 것이다. (빌 3:14)

푯대를 향해 달려가는 자들은 성령으로 충만한 삶을 살고 있으리라 생각한다. 그러나 하나님의 기쁨을 위해 살기보다는 자기 몸과 자기 자신을 더 신경 쓰느라 세월만 흘러보내는 사람들이 많다. 그래서 하나님은 말씀하셨다.

"오직 성령으로 충만함을 받으라."

"여러분은 성령을 가득히 받아야 합니다." (공동번역)

성령을 받았지만 가득히 충만하게 받으라고 말씀하고 있다. 왜냐하면 성령으로 충만하지 못하면 앞으로 다가오는 종말을 견디기 어렵기 때문이요. 주를 위해 목숨까지 바치기가 어렵기 때문이다. 끝까지 견디기가 어렵기 때문이다.

"나의 성령으로 충만케 되라고 이르라. 오직 나의 도움으로만 그들이 종말을 견딜 수 있노라." 예수님께서 리처드 시그문드에게 하신 말씀이다.

성령으로 충만함을 받으려면 먼저 성령을 받아야 한다.

교회를 수십 년 다녔는데도 변화가 되지 않고 여전히 세상 사람들과 똑같이 살아가고 있다면 성령을 받지 못한 증거다. 이런 사람은 물과 성령으로 거듭나지 못했기에 하나님의 나라를 볼 수 없다.

겉으로는 화려하지만 속은 전혀 예수님을 닮은 데가 없다.

교회를 다녀도 깨닫지 못하고 천국의 비밀을 전해도 소중함을 모르고 영적 감각이 없다. 속히 자신을 돌아보고 여호와 하나님을 찾아야 한다. 십자가의 예수님을 깊이 생각하므로 눈물로 회개 기도를 해야 한다. 성령을 받을 뿐만 아니라 충만하도록 날마다 깨어 있는 삶을 살아야 한다.

주님 곧 오시는 이 마지막 시대에 성령 받고 성령으로 충만해야 세상과 구별된 삶을 살 수 있고 짐승과 싸워 이길 수 있고 주를 위해 목숨까지도 바칠 수 있는 것이다.

천국 가는 길은 좁고 협착하다. 결코 쉽게 가는 곳이 아니다. 아무나 가는 곳이 아니다.

인간의 의로 인간의 힘으로 가는 곳이 아니다.

착하다고 해서 가는 곳이 아니다.

오직 길이요 진리요 생명 되신 예수님을 사랑하고 성령님을 의지하며 하나님 아버지의 뜻대로 살아야 천국에 들어갈 수 있는 것이다.

* 성령 받은 사람에게는 아름다운 변화가 있다.
  성령 받은 사람은 성령의 열매를 맺는다.
  성령 받은 사람에게는 다양한 은사가 나타난다.

* 성령 충만한 사람은 하나님의 말씀으로 충만하다.
  성령 충만한 사람은 기도 충만, 찬양 충만, 감사 충만
  성령 충만한 사람은 오직 하나님 한 분만으로 만족한다.
  성령 충만한 사람은 오직 하나님 한 분만으로 가득
  채워지기를 갈망한다.

* "완전 해결의 역사요. 구원의 표가 성령 안에 있으니 성령만이 인간을 완전하게 할 것이요. 노아처럼 쓰임 받는 인격을 만들 것이다..... 성령의 역사는 영계의 비밀이 많이 있으니 만 가지 은혜를 받는 자만이 마음과 몸에 성령이 충만하여 세상을 이기는 노아와 같이 방주를 완성하고 하나님의 뜻을 이룰 것이니라."
  (영광스런 대한민국, 235p 우종만)

만 가지 은혜를 받는 자만이 마음과 몸에 성령이 충만하게 된다고 하였으니 만 가지 은혜를 받도록 날마다 기도하며 날마다 찬양하며 감사하며 하나님의 보좌 앞으로 나아가야 한다.
마르다처럼 분주하게 일하기보다는 마리아처럼 주님 앞에 무릎

을 꿇어야 한다. "오라 우리가 굽혀 경배하며 우리를 지으신 여호와 앞에 무릎을 꿇자." (시 95:6)

29. 하늘의 권능을 받으라

"하늘이 열리며 하나님의 모습이 내게 보이니... 여호와의 말씀이 제사장 나 에스겔에게 특별히 임하고 여호와의 권능이 내 위에 있으니라." (겔 1:1-3)
"내가 나의 두 증인에게 권세를 주리니... 그들의 입에서 불이 나와서 그들의 원수를 삼켜 버릴 것이요.. 그들이 권능을 가지고..." (계 11:3-6)

"너희들은 하나님의 진리의 칼을 받을지니라. 말씀의 칼만이 마귀를 이길 수 있느니라. 말씀의 예리한 칼이 있어야 하느니라. 마귀들은 쉽게 물러서지 않느니라. 마귀를 죽이는 하늘의 권능을 받을지니라. 불의 역사이니라. 입에서 불이 나가는 역사이니라. 원수를 소멸하는 불이니라. 마지막 때는 그 불을 받지 아니하면 황충때의 환난을 피해갈 수 없느니라. 예수의 일에 동참할지니라. 예수와 함께 승리하는 자가 될지니라. 순교자의 각오를 할지니라. 순교자만이 승리할 수 있느니라." (지옥의 비밀, 133)

마지막 때를 살아가고 있는 우리는 성령의 능력, 하늘의 권능을 받아야 한다. 그렇지 않으면 마지막 때 하나님께 크게 쓰임 받기가 어렵다. 마귀들은 자기들의 때가 얼마 남지 않음을 알고 있기 때문에 할 수만 있다면 택한 자라도 미혹하여 지옥으로 끌고 가려고 한다. 앞으로 갈수록 거대한 흑암의 세력들이 닥칠 텐데 하나님의 거룩한 군대들은 더욱 하늘의 권능을 받아서 싸워 승리해야 할 것이다.

지금 이 순간에도 수많은 영혼들이 추풍낙엽처럼 지옥으로 떨어지고 있다. 우리는 더욱 힘써 자기가 맡은 사명을 끝까지 잘 감당하고 또 두 증인 같은 사명자, 이기는 자, 휴거자, 순교자가 되길 원한다면 하늘의 권능, 성령의 불을 받아서 원수 마귀들을 이기고 세상을 이기고 모든 악한 짐승의 세력들을 이겨서 최후의 승리자가 되어야 할 것이다.

"영권을 받은 자만이 높임을 받는다. 이적을 행하는 자 하늘에 별들이 될 것이며 영적 지도자들이 되리라"

(선지서 영해, 77p)

30. 하나님의 일곱 영으로 충만하라

성경에 '일곱 영'에 대해 언급한 곳은 계시록에만 있다. (계 1:4, 4:5, 5:6) 그리고 일곱 영의 종류에 대해서 말씀하고 있는 곳이 바로 이사야 11:2이다. (여호와의 영, 지혜의 영, 총명의 영, 모략의 영, 재능의 영, 지식의 영, 여호와를 경외하는 영)

일곱 수는 완전 수요 충만한 수이다. 즉 성령의 완전하고 충만한 은혜를 받으라는 뜻이다. 초대교회 때에도 그러했지만 지금 마지막 시대에 살고 있는 우리는 더욱 충만해야 함을 강조하고 있는 것이다.

세계적인 부흥사요 목사인 키이스 밀러는 집회 강사로 초빙되었을 때 집회 기간에 하나님의 영광의 보좌 앞에까지 간 영적체험을 하였다. 그는 그때 천사로부터 봉투를 건네 받았는데 그 봉투 안에는 계시록 4장 5절과 이사야 11장 2절의 성경 말씀이 적혀 있었다. 즉 일곱 영에 대한 말씀이었다.

그후 그는 '하나님의 일곱 영'이라는 책을 썼는데 그는 말하기를 하나님의 일곱 영은 성령님의 일곱 가지 측면 혹은 성품을 가리키는 표현이라고 했다. 또 하나님의 일곱 영은 주님의 불같은 열심과 열정을 상징한다고 말했다.

그리고 아프리카의 가장 큰 교회 가운데 하나이며 5개 대륙에 걸쳐 폭넓게 세워진 Christ Embassy Church의 총재로서 사역

하고 있는 크리스 목사님도 '하나님의 일곱 영'이라는 책을 쓰셨는데 그는 말하기를 '주님께서 이 일곱 영들을 통해 당신의 삶 가운데 그분 자신을 완전하게 나타내지 않는다면, 당신은 초자연적인 것과 기적으로 가득 찬 최고의 기독교를 결코 누리지 못할 것입니다.'라고 했다.

그리고 윗트니스리는 그의 책 '일곱 영'을 통해 '우리는 7배의 영을 필요로 한다. 오늘날은 7배의 강화된 영의 시대임을 깨달으라.'라고 말했다.

그리고 또 하나님께서는 우종만 목사님의 '신비의 천국' 책을 통해 '일곱 영은 하나님의 영들이니라. 그들은 바로 나니라. 나의 영을 수로 나누었느니라.' 그리고 '일곱 영의 역사가 왕권이니라.'라고 말씀하셨다.

'좌편 영계의 베일을 벗긴다.'라는 책을 통해서는 다음과 같이 말씀하셨다.

"일곱 영 성령은 지혜로운 다섯 처녀가 받을 기름이니라. 신랑을 맞이하는 신부들이 받는 성령님이니라. 은혜 시대 보혜사 성령을 받고서는 신부가 될 수 없느니라. 그렇다고 환난 시대에 보혜사 성령은 안 오신다는 뜻은 아니다. 천국의 인도자 되시는 보혜사 성령은 영원히 너희와 함께 할 것이다. 그러나 이기는 자가 받는 일곱 영 성령님이 오셔야 너희는 환난을 이기고 악마를 이기고 짐승들을 이기고 승리할 것이다. 요한 계시록에 나오는 일곱 영 되시는 감람유와 포도주를 받아라. 하나님이 너희를 보장하실 것이다."

"영광의 영으로 오시는 일곱 영 성령님을 모시는 자 영광이니라."

어떤 이에게는 일곱 영이 다소 생소하게 느껴질지 모르지만 영적으로 장성한 자는 이해가 쉽게 될 것이다. 일곱 영 뿐만 아니라 그 외에도 하나님의 특별한 계시나 성령께서 가르쳐주시지 않으면 우리는 영적으로 깊은 것을 알지 못한다. 사실 우리는 아직도 많은 것을 모르고 있다. 그래서 우리는 늘 겸손한 마음으로 하나님의 은혜를 사모해야 할 것이다.

하나님의 일곱 영은 사실 굉장히 중요하지만 많은 믿는 자들이 잘 모르고 있다. 이제라도 이 마지막 때에 하나님의 일곱 영으로 충만한 자가 되도록 더욱 사모하는 자가 되어야 할 것이다.

"일곱 영의 역사가 왕권이니라."

"하나님이 원하시는 뜻을 속히 알고 열두 제자처럼 영안이 열리고 준비된 자들이 된다면 영원토록 하나님의 칭찬을 받으리라."
　　　(선지서 영해, 61p)

31. 이기는 자가 되라

계시록의 핵심 주제 중에서 아주 중요한 하나는 '이기는 자'이다. 하나님은 이 마지막 시대에 우리가 반드시 이기는 자가 되길 원하신다.

전능하신 하나님께서는 주의 백성들이 승리하기를 바라신다.

신구약 성경에 나오는 위대한 인물들은 모두 이기는 자이다.

이기는 자들이 하나님께 인정을 받고 칭찬을 받고 큰 상급을 받고 높임을 받는다. 천국 또한 이기는 자들이 들어가는 곳이다. 마귀 사탄에게 속아서 지옥으로 끌려가는 것을 하나님은 결코 원치 않는다.

그래서 하나님은 '전신갑주를 입으라' '성령으로 충만하라' '늘 깨어 있으라'고 말씀하신 것이다.

천국은 패배자가 들어가는 곳이 아니라 승리자가 들어가는 곳이다. 천사들의 박수와 환호 속에서 기쁨으로 천국문으로 입성하는 것이다. 우리는 그날을 기다리면서 이 세상에 있을 동안에 선한 싸움을 싸우고 나의 달려갈 길을 마치고 믿음을 지켜야 한다. 그리고 반드시 이기는 자가 되어야 한다.

이기는 자가 되면 하나님께서 약속하신(계 2-3장) 것들을 받을 수 있고 하나님의 나라를 상속받을 수 있으며 하나님의 아들이 되는 것이다.

"이기는 자는 이것들을 상속으로 받으리라 나는 그의 하나님이 되고 그는 내 아들이 되리라." (계 21:7)

그렇다면 우리는 이 세상에 있을 때 어떻게 해야 이기는 자가 될 수 있는가? 어떻게 해야 최후의 승리자가 될 수 있는가?

1. 우리의 승리의 깃발은 사랑이다.

나를 구원하신 하나님을 끝까지 사랑함으로 원수 마귀를 이길 수 있다. 주님 향한 사랑을 잃으면 모든 것을 잃게 되어 결국 패배자가 된다. 예수님께서 십자가 사랑으로 이기신 것처럼 우리도 그 크신 사랑으로 이겨야 한다.

계시록 17장 14절에 '진실한 자들도 이기리로다.'

진실한 자는 거짓 없이 주님을 사랑한 자, 끝까지 변함없이 주님을 사랑하는 자이다. 이들은 반드시 이기는 자가 될 것이다. 승리자가 될 것이다.

2. 진리의 말씀으로 이겨야 한다.

지금 이 세상은 온통 미혹의 영으로 덮여 있으며 인본주의와 거짓과 비진리 그리고 온갖 우상으로 가득하다.

우리는 이러한 것들과 싸워 이겨야 한다.

절대로 세상과 타협하면 안 되고 세상과 혼합되어도 안 된다. 하나님의 진리의 말씀을 붙잡고 여호수아와 갈렙처럼 믿음으로 싸워 이겨야 한다. 다윗은 골리앗 앞에서 굴복하지 않았다. 우리도 이 거대한 세상이라는 골리앗 앞에서 굴복하지 말고 오직 진리의 말씀을 붙잡고 하나님만 의지하므로 승리자가 되어야 한다. 거짓 목사, 거짓 선지자들의 미혹에 넘어가서도 안 된다. 하나님의 진리의 말씀으로 잘 분별하여 반드시 이겨야 한다.

3. 오직 예수님이어야 한다.

지금 이 시대에는 철저한 신본주의가 아니면 이기기 어려운 시대이다. 오직 하나님, 예수님, 성령님으로 충만해야 한다. 오직 하나님의 영광과 하나님의 뜻과 하나님의 이름을 위하여 살아야 하며 싸워야 하며 이겨야 한다.

사도 바울처럼 나는 날마다 죽고 오직 예수 그리스도로 채워져서 예수님과 하나가 되어 예수님과 동행하므로 이기는 자가 되어야 한다.

4. 시험에서 합격해야 한다.

아브라함, 욥은 시험에서 이긴 자이다.

이스라엘 백성들은 광야에서 시험에 넘어져 쓰러졌다.

그러나 여호수아, 갈렙은 시험에 합격하여 하나님께서 약속하신 축복의 땅을 정복하였던 것이다.

우리에게도 크고 작은 시험이 있는데 그 시험을 이겨야 한다. 그리고 인류 마지막 시험이 있는데 그것은 제 2선악과 666이다. 이 시험을 이겨야 젖과 꿀이 흐르는 가나안 땅, 천년왕국에 들어갈 수 있다.

5. 성령의 권능을 받아야 한다.

이긴다는 것은 누군가하고 싸운다는 것이다.

그 싸움에서 반드시 이겨야 한다. 우리의 원수는 사탄, 마귀, 귀신들이다. 이들은 영적 존재들이기 때문에 우리 눈에 잘 보이지 않는다. 그렇지만 이 악한 영들은 끊임없이 인간들을 유혹하여 범죄케 하고 타락시켜 지옥으로 끌고 가고 있다는 것이다. 우리는 육신을 가지고 있고 이들보다 힘이 약하기 때문에 우리 힘으로는 이길수 없다. 그래서 성령을 받아야 한다. 성령으로 충만해야 한다. 하늘의 권능을 받아야 한다. 그럴 때에 이길 수 있다. 말씀의 검과 찬양의 능력으로 이겨야 한다.

"이는 힘으로 되지 아니하며 능력으로 되지 아니하고 오직 나의 영으로 되느니라." (슥 4:6)

"오직 성령이 너희에게 임하시면 너희가 권능을 받고..."

(사도행전 1:8)

6. 계시록 12장 11절 말씀으로 이겨야 한다.

"어린 양의 피와 자기들이 증언하는 말씀으로써 그를 이겼으니 그들은 죽기까지 자기들의 생명을 아끼지 아니하였도다." - 우리는 예수님의 보혈과 하나님의 말씀과 순교 신앙으로 무장되어 있다면 반드시 이기는 자가 될 것이다.

7. 모든 것을 버린 자가 이긴 자다.

(예수님께서 제시카윤 목사님에게 하신 말씀이다)

성경(계2-3장)에는 분명하게 이기는 자와 이기지 못한 자에 대해서 말씀하고 있다. 계시록 2-3장 외에도 많이 기록되어 있다. 1달란트 받은 자, 미련한 다섯처녀 등

이처럼 이기는 삶을 살지 못하면 '성밖'으로 쫓겨나 그곳에서 슬피 울며 이를 가는 불쌍하고 가련한 인생이 될 것이다.

계시록 21장 6-7절을 보면 이기는 자는 하늘 생명수를 마시고 하나님의 아들이 되지만 이기지 못한 자, 즉 신앙의 패배자는 교회는 다녀도 구원을 받지 못하고 하나님의 자녀도 못되고 천국에도 못 들어간다는 것이다.

그러므로 우리는 반드시 이기는 자가 되어야 한다. 하나님의 뜻대로 살며 '오직 예수' 신앙으로 피 흘리기까지 싸워서, 피 터지게 싸워서라도(순교) 반드시 이겨야 한다. 그렇지 못하면 하나님께서 약속하신 '영생'을 잃어버릴 수 있다는 것을 명심해야 한다. 세상 사람들은 썩을 면류관을 얻기 위해서 밤낮으로 땀 흘리며 훈련을 하지 않는가? 하물며 영원토록 빛나는 영광의 면류관을 얻기 위하여 더욱 힘써야 하지 않겠는가? 죽도록 충성해야 하지 않겠는가? 승리자의 영광은 영원하다. 영원토록 천국에서 하늘의 별과 같이 그의 이름이 빛날 것이다.

그리고 예수님께서는 어느 날 류웅규 목사님에게 꿈(환상)으로 찾아와 이기는 자가 되기 위한 7가지 말씀을 주셨다.

1. 어린아이 같이 되어라.
2. 내가 거룩하니 너희도 거룩하여라.

3. 내가 너희를 사랑한 것 같이 너희도 서로 사랑하여라.

4. 단순하게 살아가거라.

5. 항상 기도하여라.

6. 항상 예수 그리스도에 대하여 말하여라.

7. 항상 예수 그리스도로 옷 입으라.

"너희들은 이기는 자의 복을 받을지니라. 다윗 같이 승리한 자이니라. 다윗 왕국에 왕권의 축복을 받게 될 것이니라."

(요한 계시록 29p. 우종만)

사랑의 구주 예수여
영원토록 나의 기쁨이 되소서!

32. 왕권의 축복을 받으라!

천국에는 하나님의 백성들이 있으며 왕권을 가진 자들이 있다. 왕권을 가진 자와 없는 자의 차이는 엄청나다. 왕권을 가진 자는 그 영광이 영원하기 때문에 우리는 이 세상에 있을 동안에 왕권의 축복을 받아야 한다.

이 세상에서도 왕족들은 엄청난 대우를 받으며 살아간다.

천국에서도 마찬가지로 빈부의 격차가 있으며 영적 계급이 있다. 또한 행한 대로 갚아주시는 상급의 차이, 영광의 차이가 있다. 이처럼 하늘의 비밀, 천국의 비밀을 안다면 더욱 죽도록 충성해야 할 것이다. 천국을 침노해야 할 것이다.

양치기 소년이었던 다윗은 왕권을 가진 자가 되었으며 지렁이 같은 야곱도 왕권을 가진 자가 되었으며 죄인 중에 괴수와도 같았던 바울도 왕권을 가지게 되었다. 고기 잡는 어부 베드로도 왕권을 가지게 되었고 가난한 농부, 가장 낮은 자의 삶을 산 수많은 사람들도 하늘의 왕권을 받게 되었다.

그렇다면 나는 천국에서 영원토록 백성으로 살 것인가? (백성들은 1층천과 2층천에서 영원토록 살게 된다.) 아니면 왕권을 받은 자로서 영원토록 왕노릇하며 영광을 누리며 살 것인가?

왕권의 축복을 사모하라!

왕권은 하나님께서 아무나 주는 것이 아니다.

반드시 하나님께서 인정하시는 자들에게 그 영광이 주어질 것이다. 그렇다면 왕권을 받기 위해서 어떻게 해야 하는가?

1. 첫째 부활에 참여하는 자가 되어야 한다. (계 20:4-6)
   - 첫째 부활은 곧 왕권 부활이다.
2. 이기는 자가 되어야 한다. (계 2-3장)
3. 휴거자, 순교자가 되어야 한다.
4. 예수님의 신부가 되어야 한다.
   - 하나님을 믿는 모든 사람이 예수님의 신부는 아니다.
     예수님의 신부는 어린양의 혼인 잔치에 참여하게 되는데
     신부의 자격을 갖추어야 한다.
5. 왕같은 제사장이 되어야 한다. (벧전 2:9)
6. 죽도록 충성해야 한다. (계 2:10)
   - 죽도록 충성하면 생명의 면류관(계2:10)을 준다고 했는데 면류관은 곧 왕권을 의미한다고 한다.

"사도 바울의 궁 안에는 크고 아름다운 면류관이 여섯 개 있었는데, 제일 큰 것은 생명의 면류관이었습니다. 면류관은 나라를 다스리는 왕권이 주어졌다는 것을 의미한다고 했습니다."

(천국 3층천의 비밀, 88p. 서숙희)

왕권을 가진 자는 천국 3층천에서 영원토록 살게 되는데 그들에게는 면류관뿐만 아니라 황금마차를 선물로 받는다고 한다. 천국에 들어가는 모든 성도들이 면류관과 황금마차를 상급으로 받고 싶겠지만 이 또한 왕권자에게만 주어진다는 것이다. 왕권자들은 백마와 황금마차를 타고 작은 천국들을 순회한다. 백성들로부터 왕의 대접을 받는다.

7. 하나님의 인을 받아야 한다. (계시록 7장)

- "하나님의 인은 최고의 영광이며 최고의 승리자들이 임금으로부터 받는 왕권의 권한이다. 하나님의 인은 하나님 앞에 흠과 티가 없는 신부의 자격을 갖추어야 받을 수 있는 어인이다. 하나님의 인은 전능하신 하나님의 불의 영광이다. 성령의 불로 하나님의 인을 치니 하나님의 영광이 임한 자들이 될 것이다. 불의 영광을 사모하라. 성령의 불 중에서도 권세의 불을 받아야 한다. 불의 권세를 받아야 큰 일을 할 수 있다. 이들이 백마탄 자들이다." (계시록 핵심, 우종만)

8. 일곱 영을 받아야 한다. (계 4:5, 사 11:2)

- "하나님의 보좌 앞은 왕권을 가진 자만이 가는 곳이니라. 왕권은 일곱 영을 받은 자만이 되는 것이니라. 마지막 때 인 맞은 종은 일곱 영을 받아야 되기 때문이니라."

(요한 계시록, 우종만)

"성령을 기다려라. 일곱 영을 받는 자만이 최후의 승리자가 될 것이다." (흠없는 영적 신부의 인격, 우종만)

예수님께서는 제시카윤 목사님의 '봉한샘' 책을 통해 신부의 서열에 대해서 말씀하셨는데 첫째가 '왕권 계열의 신부'라고 하셨다. 둘째는 '왕후 계열의 신부' 셋째는 '비빈 계열의 신부' 넷째는 '시녀 계열의 신부'이다.

예수님께서는 계속 말씀하시기를 '신부'는 '일반 성도'들보다는 영성이 훨씬 더 낫다고 하셨다. 아무튼 최고의 복을 받는 자는 왕권 신부임을 알고 왕권의 축복을 사모하는 자가 되어야 할 것이다.

33. 천년왕국을 사모하라!

계시록 20장에서 '천 년'이란 단어가 6번이나 기록이 되었는데 이는 '천 년'이란 기간을 강조하고 있다는 것이다. 주님께서는 이렇게 강조하는 것은 장차 실제 일어날 것임을 말씀하고 있는 것이다. 대 환난, 첫째 부활, 예수님의 재림, 천년왕국, 백보좌 심판, 영원 천국 등 모두 다 앞으로 실제로 일어난다. 왜냐하면 주께서 말씀하셨으니까..... 상징이 아니다.

그러나 이단들과 거짓 선지자들은 잘못된 종말론을 통해 성도들을 미혹하고 있으니 하나님의 자녀들은 이 마지막 시대에 잘 분별해야만 할 것이다.

천년왕국, 만왕의 왕이신 예수 그리스도께서 지상 재림하신 후 천년 동안 이 세상을 다스리고 통치하는 기간이다. 그래서 천년왕국을 그리스도의 나라(계 11:15)라고도 한다.

그리고 천년왕국에 대한 여러 학설이 있지만 그런 학설을 모른다고 할지라도 성경에 기록된 천년왕국을 그대로 믿으면 된다. 진리는 단순하다. 결코 복잡하고 어려운 것이 아니다.

천년왕국은 주님께서 잃어버린 에덴동산을 다시 회복하여 주님의 신부들과 함께 기뻐하고 즐거워하는 기간이다. 그 시간이 천년 동안 계속된다는 것이다. 그래서 우리는 그날을 고대하며 사모해야 한다는 것이다. 천년왕국에서 왕노릇하는 자는 천년왕국이 끝나고 영원한 왕국 곧 천국에서도 영원토록, 세세 무궁토록 왕권을 누리며 살 수 있는 특권을 하나님으로부터 부여받기 때문에 천년왕국에 왕권을 가지고 들어가는 것이 매우 중요하다. 그렇다면 천년왕국에 누가 들어가며 어떤 생활을 하게 될까요. 참으로 궁금하다.

천년왕국에 대하여 하나님께서 계시하여 주시지 않으면 우리는 잘 알지 못한다. 그런데 하나님께서 '천년왕국 그리스도의 나라' (우종만 목사) 라는 책을 통해 자세히 말씀하셨다.

그 일부를 소개하면 다음과 같다.

천년왕국 그리스도의 나라

1. 천년시대는 왕국시대이니 세계적으로 무수한 왕궁들을 짓게 될 것이니라. 그 왕궁은 왕권 받은 그리스도의 신부들이 누릴 왕궁들이니라 (51p)
2. 천년왕국의 영광은 그리스도를 위하여 순교한 순교자들만이 영광을 누리는 나라이니라 (53p)
3. 신부들은 신이며 왕이니라 (115p) (시 82:6 요 10:34~35)
4. 그리스도의 왕국은 신부들의 왕국이니라. 신부들은 그리스도의 왕국에 왕들이니 어디 가나 왕의 대접을 받으며 왕권의 주권을 받아 백성들로부터 존귀한 대접을 받느니라. 신부들도 위아래가 분명히 있어 그 권위와 영광이 신분의 차이에 따라 엄청난 차이가 있느니라 (129p)
5. 그리스도의 나라의 분봉왕들은 사람이 아닌 신들이니라. 죽었다가 다 부활한 신부들이니 겉으로는 사람이나 실질적으로는

신들이니라. 그리고 그들은 일곱 영 되시는 하나님이 함께 하는 신들이니라. 그들은 마음만 먹으면 몇 만리 몇 십만 리도 육체가 옮겨가느니라. 시공간을 초월하는 신들이 된 것이니라 (159p)

6. 천년왕국에서 왕노릇하는 하나님의 종들은 세세 무궁토록 복을 받은 자이니라. 그 세계는 천년이지만 천국에서는 영원토록 왕노릇하니 최고의 영광이니라. 왕이 된다는 것은 얼마나 복이 있는가 그 날에는 알게 되리라. 왕노릇 하는 그 즐거움은 그 무엇으로 비교할 수 없는 기쁨과 즐거움이니라. 왕국을 소유한 그들만의 세계는 왕이라는 칭호와 신분은 모든 자가 부러워할 만한 축복과 영광이니라 (163p)

7. 그리스도의 나라는 아무나 들여보내는 것이 아니라 시험을 통과하고 절대 순종하고 하나님을 의지해야 들어가느니라 (200p)
   - 영혼이 구원받아 천국에 가는 백성들보다 훨씬 신앙이 좋고 순종을 잘해야 들어가느니라. 광야의 시험을 통과해야 한다.

8. 첫째 부활에 참여해야만 들어갈 수 있다 (계 20:4-6)

9. 천년왕국(그리스도의 나라)은 신부들이 영광을 누리고 사는 나라이다. 그 신부들은 이 땅에 있을 때에 순교자로 인정받은 하나님의 종들이다 (232p)

10. 천년왕국은 아무나 가는 곳이 아니고 뱀의 유혹을 이긴 자들이 가는 곳이다 (220p)

11. 그리스도의 나라가 가까이 올수록 믿는 자가 심히 적어지는 시대가 온다 (204p)

12. 천년왕국에는 전세계 기독교 인구 중에서 소수의 무리가 들

어간다 (203p) - 하나님의 모략과 시험 가운데 전부 광야에서 쓰러진다.

또한 하나님께서는 '선지서 영해' 책을 통해 천년왕국 그리스도의 나라에 들어가려면 온전한 회개의 열매를 맺어야 한다고 말씀하셨다. 온전한 회개의 열매를 맺고 변화된 자는 에덴의 축복을 받게 된다고 말씀하셨다.

34. 천국의 영광을 사모하라

영광스러운 천국의 비밀을 아는 하나님의 자녀라면 천국의 영광을 사모하며 오늘도 내일도 열심히 주를 위해 살아갈 것이다. 천국의 영광은 이 세상 그 어떤 썩어질 영광하고는 바꿀수 없는 것이요. 영원토록 별처럼 찬란하게 빛나는 지극히 큰 영광이다. 또한 천국의 영광은 그 영광이 영원하기 때문에 더욱 귀한 것이다.

이 세상처럼 잠시 누리는 그런 싸구려 영광이 아니다.

그 무엇과도 바꿀 수 없는 천국의 영광을 선물로 주기 위하여 하나님은 모든 것을 준비해 놓고 계신다.

우리는 천국의 영광을 사모해야 한다.

하나님께서 많은 사람들을 통하여 천국의 영광을 보여 주셨는데도 별 관심이 없는 사람들이 너무 많은 것 같다.

천국은 침노하는 자가 빼앗는다고 했으니 믿음의 선한 싸움을 싸워 반드시 이기는 자가 되어야 할 것이다. 믿음의 선진들도 하늘의 영광을 바라보며 주 예수께 받은 사명을 위해 죽기까지 순종하며 죽도록 충성을 다했던 것이다.

하나님은 심은 대로, 행한 대로 갚아주신다고 하셨기에 끝까지 열심을 다해야 할 것이다.

천국의 영광은 성경에 기록된 것처럼 차이가 있다. 별의 영광, 달의 영광, 해의 영광. 그리고 집도 어떤 이는 기와집, 어떤 이는 빌라 같은 집, 어떤 이는 왕궁 같은 집을 선물로 받을 것이다. 면류관도 다르고 상급도 다르고...

하나님께서는 공평하게 상을 주신다.

천국의 비밀을 안다면 기도를 안 할 수가 없으며 전도를 안 할 수가 없을 것이다. 헌신, 봉사, 사랑의 수고, 선교를 안 할 수가 없을 것이다. 더 이상 주저하거나 게을리하거나 머뭇거리지 말고 하나님께서 기뻐하시는 일이라면 하나님의 영광을 위해 충성을 다해야 할 것이다.

천국에서 집도 없이 영원토록 살고 싶은 사람이 어디 있겠는가? 천국에 가서 뒤늦게 후회한들 무슨 소용이 있겠는가? 이 세상에 있을 때 천국의 비밀을 모르고 영의 세계를 모르고 또 알면서도 천국의 영광을 사모하지 않았으며 죽도록 충성하지 못했으니 그 책임과 댓가는 본인이 감당하는 것이다. 그것도 영원토록..... 다만 자기 자신이 천국에 와 있다는 그 한가지 만으로도 감사하며 만족해야 할 것이다.

'우리가 반드시 가야 할 나라'라는 책에 보면 예수님께서는 천주영 선교사님을 통해 다음과 같이 말씀하셨다.

"천국을 더 많이 사모하라. 내가 내 딸에게 보여주는 이 집을 너희들의 샘플로 삼기를 바란다. 내가 너희들의 집도 계속하여 짓기를 원한다. 사모하라. 사모하는 자에게 내가 더 큰 것을 안겨 주리라. 사모하는 자들에게는 위로와 그 마음의 소원을 내가 이루어 주리라. 마음의 소원을 가지라. 그 소원을 내가 만족하게 해주리라." (262p)

만약 당신이 천국의 영광을 사모한다면

'천국의 내 집에는 이런 것이 있으면 좋겠다.'라며 사랑하는 예수님께 소원을 아뢰는 것도 좋을 것이다.

자녀가 부모님께 갖고 싶은 것 말하듯 예수님께 말씀드리면 예수님은 오히려 더 기뻐하실 것이다.

대부분 사람들이 이렇게 생각한다.

'천국의 내 집은 하나님께서 다 알아서 해주실 거야!'

물론 맞다. 하나님께서 나에 대해서 너무 잘 알기 때문에 알아서 해주신다. 그러나 하나님은 사랑하는 자들에게 그들의 소원을 들어주고 싶어 하신다.

왕이 에스더에게 '너의 소원이 무엇이냐?'

하나님께서 솔로몬에게 꿈에 나타나서 '너의 소원이 무엇이냐?' 예수님께서 소경 바디매오에게 ''너의 소원이 무엇이냐?' 이처럼 사랑이 많으시고 자상하신 예수님은 우리의 소원을 물어보시고 행하시기를 원하신다. 그러므로 '천국 내 집에 이런 것이 있으면 좋겠습니다.'라고 아뢰면 주님은 기뻐하실 것이다. 다만 조건이 있다. 주님을 끝까지 진정 사랑해야 한다는 것이다. 그리고 끝까지 믿음을 지키며 사명을 잘 감당해야 하는 것이다. "여호와를 기뻐하라. 그가 네 마음의 소원을 네게 이루어 주시리로다." (시 37:4)

나는 오늘 어느 집사님으로부터 전화를 받았다.

그 집사님은 예언의 은사가 있는데 특히 천국의 집을 보기도 한다. 하나님께서 보여 주시는 것이다.

오늘은 특별히 전화로 통화하면서 하는 말이 예수님께서 내게 말씀하신다고 하면서 '천국에서 가지고 싶은 것 있으면 한가지 말해 보라'는 것이었다. 그래서 나는 가장 먼저 천국 내 집에 '황금 마차'가 있으면 좋겠다고 대답했다. 그리고 또 '연못'이 있으면 좋겠다고 말했다.

나는 전혀 생각지도 못했는데 예수님께서는 이처럼 내게 천국에 대한 소망을 주셨다. 천국이 더욱 그리워진다. 천국에서의 그 영원한 기쁨과 행복의 시간들이 기다려진다.

여러분도 천국 내 집에 이것이 있으면 좋겠다고 자기 소원을 한번 아뢰어 보세요. 사랑이 많으시고 자상하신 예수님께서 이루어 주실 것이다.

* "천국은 광활하게 넓다. 너무나 넓어서 상상할 수도 없고 측량할 수도 없고 너희가 생각조차 할 수 없다...

천국에도 빈부의 차이가 있다. 너희가 어떻게 하느냐에 따라 천국에서 영원히 커다란 큰 집에 살 수도 있고 너희가 정말 간신히 천국에 들어오면 집도 없는 자가 될 수도 있다."
(우리가 반드시 가야 할 천국, 75p. 증언자 천주영)

* "천국은 비밀에 감추어진 신비의 영광이 모래 알갱이처럼 많이 있나니 그것을 누가 알랴? 믿음이 없는 자는 함부로 말하지 말지니라. 영광에 누가 되는 자는 살아남지 못할 것이니라."
(영광극치의 천국에서)

* "천국의 영광을 소망하고 사는 자들은 복이 있나니 너희는 나의 자녀들이니라. 행한 대로 영광을 누린다는 것을 잊지 말지니라." (영광 극치의 천국 156p. 우종만)

* "천국의 사람들은 그들이 지상에 있을 때에 왜 충성을 그 정도밖에 못했나 후회스러울 때가 많이 있느니라."
(영광 극치의 천국 144p. 우종만)

* "3층천의 우주 천국은 말로 표현하기 힘든 신비의 천국이니라. 이곳의 영광이란 무엇으로도 표현하기 힘드니라."
(영광 극치의 천국 148p. 우종만)

* "천국의 영광을 사모하라. 그것이 너희가 사는 길이니라."
(하나님의 말씀. 영광 극치의 천국에서)

이제 주님 곧 오십니다. 주를 위해 일할 시간도 많지 않은 것 같습니다. 천국을 침노하십시오. 천국은 침노를 당할 것입니다. 하나님은 이것을 기뻐하십니다. 천국의 더 큰 영광을 사모하여 축복의 주인공이 되시길 바랍니다.

35. 하나님께 영광을 돌리고 경배하라
   (계시록 14:7)

계시록의 핵심 단어 중에서 그 하나는 "경배'이다.

신약 성경 중에서 경배의 단어가 가장 많이 쓰인 곳은 계시록이다.(22번) 마지막 때를 살아가고 있는 우리, 요한 계시록 시대에 살고 있는 우리는 그 무엇보다 하나님을 많이 경배해야 한다. 마지막 때에 하나님만 경배하는 것이 매우 중요하기에 그만큼 많이 언급하신 것이라고 볼 수 있다.

계시록 14장 6-7절에서 영원한 복음을 가진 천사가 이르되 하나님께 영광을 돌리고 하나님을 경배하라고 큰 소리로 외치는 것을 알 수 있다. 그렇다면 구속함을 받은 하나님의 자녀들이 어떻게 하면 하나님께 영광을 돌리고 하나님을 경배할 수 있는지 가장 중요한 핵심을 말씀드리면 다음과 같다. 물론 하나님을 사랑하는 사람이라면 이미 다 알고 있는 내용이다. 그러나 막상 삶 속에서 그렇게 행하지 못하는 경우가 많다.

하나님께 영광을 돌리는 방법, 누구나 할 수 있는 아주 쉬운 방법, 그것은 "하나님께 감사드리는 것"이다. 어떤 위대한 업적을 남겨야만 하나님께 영광을 돌리는 것이 아니라 범사에 감사하므로 하나님께 영광을 돌리면 된다. "감사로 제사를 드리는 자가 나를 영화롭게 하나니..." (시 50:23)

그리고 나병환자 10명 중에서 오직 한 사람만이 예수님께 영광을 돌리러 왔다고 했다. (눅 17:11-19)

이처럼 감사는 하나님께 영광을 돌리는 아름다운 행위이다.

그리고 하나님께 경배드리는 방법에는 기도를 통해서도 가능하지만 무엇보다 하나님만 높여드리는 찬양이다. 단순한 복음성가가 아니라 하나님이 얼마나 위대하신 하나님이신지 알고 지극히 거룩하시고 광대하신 하나님을 극진히 찬양하며 송축드리는 것이다.

또 한가지 방법은 "사랑고백'이다.

"하나님 사랑합니다." "주님 사랑합니다." "예수님 사랑합니다." "성령님 사랑합니다." 이렇게 사랑한다고 고백하는 것 자체가 하나님을 경배하는 것이 된다. 사랑 고백이 어떻게 경배가 될 수 있느냐고 말할지 모르지만 곰곰이 생각하면 하나님을 높여 드리는 찬양과 함께 매우 중요한 경배 행위이다. 하나님께서 기뻐 받으시는 경배 행위이다.

'천상의 책'의 저자 루이사 피카레타가 어느 날 하나님께 "당신을 사랑합니다." 이 사랑의 고백을 계속 반복하다가 '이 사랑의 고백이 뭐가 그리 특별한 것이라도 되는 거야' 하며 중단해버리자 예수님께서 이렇게 말씀하셨다.

"하나님 사랑합니다. 이 사랑의 고백이야말로 모든 것이다. 이는 사랑이요, 경배이며 공경이고 영웅적 행위이며 희생이고 하나님께 대한 신뢰다. 또한 그분을 소유하는 것이다. '사랑합니다' 이는 짧은 한마디에 불과하지만 여기에 영원만큼 큰 무게가 전부 실려 있다.... 이 '사랑'은 무한한 가치를 지니고, 생명과 활력이 가득하고 지칠줄 모르고 모든 것을 능가하며 정복한다."

이처럼 사랑의 고백은 단순한 것이 아니라 그 대상을 좋아한다는 표현이며 칭송하는 것이 된다. 하나님께 대한 사랑의 고백은 바로 하나님을 경배하는 것이다. 사랑은 모든 것이며 무한한 가치를 지니고 있으며 모든 것을 능가하며 정복한다는 것이다.
찬양만이 하나님을 경배하는 것이 아니라 사랑고백 또한 하나님을 경배하는 행위가 되기 때문에 이 마지막 시대를 살아가는 우리는 더욱더 하나님께 사랑을 고백하므로 하나님을 기쁘시게 하며 하나님을 경배하는 자가 되어야 할 것이다.

* "흰옷을 입고 하나님의 보좌 앞에 겸손히 무릎 꿇고 경배하는 그 모습들이 뭐라 형용할 수 없을 정도로 아름다웠습니다. 정말 사무치게 그 모습들이 아름다웠습니다." (펌글)

36. 순교 신앙으로 무장하라

지금은 그 어느 때보다도 순교 신앙으로 무장해야 할 때이다. 그날 살아서 들림 받지 못한다면 대환난에 남겨지게 되는데 휴거자의 숫자는 극소수이고 순교자의 수도 아주 적은 무리들만이 순교의 영광을 누리게 된다는 것이다.

휴거도 순교도 인간의 힘으로 할 수 없으니 늘 깨어 있어서 준비해야 한다. 이기는 자, 휴거자, 순교자 그들은 첫째 부활에 참여하는 복을 누리게 되는데 천년왕국과 영원한 왕국, 천국에서 세세무궁토록 왕권을 누리며 살게 된다.

그러나 하나님께서는 이러한 영광을 아무나 주지 않는다. 죽도록 충성하여 하나님께 인정받는 자들에게 주어질 것이다. 이들은 천국 소망을 가지고 푯대를 향하여 열심히 좁은 길을 걸어가는 자들이다. 이들은 하나님의 기쁨이요 하나님의 뜻을 이룬 자들이며 오직 하나님의 영광을 위해 살아가는 자들이다. 이들은 하나님을 뜨겁게 사랑하는 자들이다.

* "순교는 백만송이 꽃향기다." (김은아 사모 천국간증에서)
* "순교자의 영 없이는 그 누구도 순교할 수 없느니라. 순교자의 수는 순교자의 영으로만 채우는 것이니라."

  (시흥동 행복한 교회)
* "나의 위대한 이름을 위해 너희의 생명을 내려놓은 자들에게 순교는 오직 나의 왕국에 있는 너희의 큰 보상으로 오기 위해

너희를 지구의 슬픔들로부터 놓아줄 뿐이다. 순교는 매우 큰 영광이며 나의 집(천국)에서 크게 영광스러울 것이다."

(글린다 자매, 2020.12.7)

* "앞으로 두 종류로 나눠질 것이니라. 산 채로 휴거 받는 자들이 있느니라. 그리고 짐승과 싸우다가 죽어 부활하여 휴거 받을 자들이 있느니라. 앞으로 수많은 자들이 순교자가 될 것이니라. 순교 없이는 변화체가 될 수 없느니라. 그러나 에녹과 엘리야와 같은 종들은 많지 않느니라. 14만 4천의 명단에 올라갈지니라 순교자의 반열이니라." (창세기의 비밀, 466)

* "산순교자나 죽은 순교자나 왕권 영광의 세계에 이르나니 삼층천의 하늘나라 영광의 세계, 왕권의 세계에 이를 것이니라. 예수 그리스도의 신부 된 자격으로 설 것이니라."

(영적계시 창세기의 비밀)

* "흰 옷을 입는다는 것은 순교를 해야 된다는 뜻이니라.
주를 위해 목숨을 바치는 자 그 이름이 영원히 빛나리라."

(요한 계시록, 35P)

* "마지막 대환난 시대에 하나님께 인침 받는 하나님의 종들과 백성들은 순교자가 되어야 주님이 오시는 그날에 신부로서 그 발 앞에 엎드릴 것이다. 지상 최고의 복과 천상 최고의 복을 받는 자는 주를 위한 순교자가 되는 길이다."

(다니엘 영해, 우종만 목사)

* "천년왕국 그리스도의 나라는 신부들이 영광을 누리고 사는 나라이다. 그 신부들은 이 땅에 있을 때에 순교자로 인정 받은 하나님의 종들이니라." (천년왕국 그리스도의 나라)

* "순교자의 반열은 영광의 자리니라. 하늘 나라에 왕으로 인정 하느니라. 왕관이 번쩍번쩍 별과 같이 빛나리라. 모든 천국인 들이 부러워하리라." (신비의 천국, 우종만 목사)
* "예수 그리스도를 전하기 위하여 예수 그리스도의 은혜 때문에 죽은 사람들은(순교) 휘황 찬란한 보석이 박힌 면류관에 화려 한 보석이 박힌 까운을 입게 됨을 알게 되었다." (김웅삼)
* "휴거 때 이 땅에 남으면 순교하기가 매우 힘들다. 거의 희박하 다. 거의 불가능할 정도다. 그 정도로 엄청난 환난이다. 그러니 너는 지금 기도하라. 지금 기름 등불 준비하라."
(시흥동 행복한 교회)

[순교자의 영광] - 산순교자, 순교자

1. 천국의 첫 번째 줄에 서게 된다.
2. 천국 3층천에서 영원토록 왕권을 누리며 산다.
3. 그의 이름이 영원히 빛나게 된다.
4. 천상과 지상의 최고의 복을 받게 된다.
5. 예수 그리스도의 신부의 자격을 얻는다.
6. 첫째 부활에 참여하게 된다.
7. 천년왕국 때 왕노릇하게 된다.

37. 예수님의 아름다운 신부가 되라!

"천사가 내게 말하기를 기록하라 어린 양의 혼인 잔치에 청함을 받은 자들은 복이 있도다." (계 19:9)

슬기로운 다섯 처녀, 주님의 신부가 되어 어린 양의 혼인 잔치에 청함을 받은 자들은 복 있는 자이다.

이기는 자, 휴거자, 순교자 이들은 주님의 신부로서 어린 양의 혼인 잔치에 참여하는 복을 받게 될 것이다. 지상에서 천상에서 우주에서 가장 큰 축복을 받는 사람은 바로 주님의 신부들이다. 하나님은 하나님의 모든 자녀들을 귀하게 여기지만 특별히 '신부'들은 더욱 큰 은총을 받게 된다. 영원토록...

그러므로 예수님 믿고 겨우 구원받아 천국에 가는 것보다 최고의 축복을 받기 위해 힘써야 하지 않겠는가? 그런데 천국은 하나님께서 말씀하신 것처럼 행한 대로 갚아주신다. 신부도 계급이 각각 다르다. 상급도 각각 다르다. 그러므로 아름다운 신부, 거룩한 신부, 신부의 자격을 갖추는 것이 중요하다.

주님의 아름다운 '신부'가 되는 비결은 바로 '피'와 '사랑'이다. 주님의 보혈 없이는 그 누구도 신부가 될 수 없다. 또한 '사랑'이 없이는 그 누구도 신부가 될 자격이 없다. 이 두 가지가 핵심이다.

"나의 사랑 너는 어여쁘고 아무 흠이 없구나!" (아 4:7)

이 시대에 원하시는

하나님의 뜻

초 판 인 쇄   2024년 02월 02일
초 판 발 행   2024년 02월 07일

글 쓴 이   최성열
펴 낸 곳   하늘빛출판사
출 판 등 록   제 251-2011-38호
주   소   충북 진천군 진천읍 중앙동로 16
전   화   010-2284-3007
I S B N   979-11-87175-38-4 (03230)
정   가   5,000원